投資1年生でも
よくわかる

株で稼ぐ
5つのコツ

投資アドバイザー・テクニカルアナリスト
横尾寧子

青春出版社

はじめに

2024年2月22日、日経平均株価はバブル期につけた最高値を抜いて、36年ぶりに史上最高値更新となりました。続いて3月4日には4万円乗せを達成し大きな話題になっています。

私が証券投資顧問で仕事を始めたのは2000年4月、ITバブル崩壊直後です。そこから数年、日経平均はじりじりと下げていき、2003年4月に7603円を付けたときには、89年12月につけた3万8900円台など二度とやってこない水準だと感じたものでした。それからずいぶん時間はかかりましたが、今年は遂にその高値を突破する瞬間を見ることができました。そして日本は今年始まった新NISAで多くの人が株式投資に興味を持ち、雑誌やテレビ、ネットなどでも特集が組まれ、株式投資をしたいと思う人が多く増えてきました。とても喜ばしいことです！

世界では一般個人が預貯金よりも投資をしているのに、日本では投資＝危険・ギャンブルのような風潮が何となくありました。でも、自分の働いて稼いだ大切なお金を増やそうとする努力はして当たり前だと思いませんか？ 確かに投資には元本保証がありませんからリスクがあるのは承知しておいてください。でも、デフレに凝り固まった日本人の多くは見逃していますが、今や日本はインフレに転換しています。インフレって自分の資産の額面金額は変わらなくても、その価値は大きく減っていくということです。それってすごく大きなリスクです。

こんなことを言う人もいます。「７６００円まで下げた株価が４万円まで来たのだから、もうこの辺りで終わりじゃないか…」そう不安を感じるのも当然です。でもそれもまた日本国内だけを見ての判断です。世界の株価は大きなショック安があってもそれを跳ね返して上昇し、もっともっと先に史上最高値を更新し続け、経済は上昇し続けてきていて、日本はやっとその波に本格的に乗ったところです。

これから数年のうちに大きなショック安に見舞われるかもしれません。上げれば下げるは当然のことです。大きい下げを見ると怖いですが、今より安いところで買えると思えば見方１つでチャンスに広がります。後は、そのチャンスのタイミングを間違えないようにすること。そのために、今とそして未来のために、株式投資をしっかり勉強してみませんか？

投資1年生でもよくわかる
株で稼ぐ5つのコツ

目次

第2章 11ステップでわかる株の買い方、売り方の超基本

第3章 株を安く買って高く売るコツ

第4章 儲かる株を見つけ出すコツ

第5章 チャートからお宝情報を見つけ出そう

第6章 トレードがうまくなる！株式用語集

本文デザイン＆ＤＴＰ／黒田志麻　**構成・原稿協力**／大正谷成晴
カバー＆本文イラスト／シライカズアキ　**本文イラスト**／Adobe Stock

※本書は情報提供を目的としており、金融商品の購入を勧誘したり、特定の銘柄を推奨したりするものではありません。
また、投資による利益を保証するものでもありません。投資は必ず自己判断、自己責任で行ってください。

第1章

「**株**」で稼ぐ**コツ**を教えます！

株は右肩上がりで成長中！

日経平均株価が史上最高値を更新

2024年2月22日、日経平均株価は3万9098円となり、1989年の大納会でつけた史上最高値の3万8915円を34年ぶりに更新した。その2週間後の3月4日には史上初の4万円台も達成した。

10年以上、右肩上がり成長

2012年末からの値動きを見ると、日経平均株価は部分的に値を下げるときもあったが、すぐに持ち直して右肩上がりの成長を続けている。

なぜ株を始めるチャンスなのか

２０２４年2月末に日経平均株価が最高値を更新しました。新ＮＩＳＡが導入されたばかりということもあって、株式投資にかつてないほど注目が集まっています。

日経平均株価は10年間以上、おおむね右肩上がりの成長を続けています。２０１１年末の日経平均株価は約８４５５円でしたが、このときから日経平均株価指数に連動する投資信託に投資をしていたら、単純計算で約5倍になったということです。

▶日経平均株価　1986年1月～2024年2月までの月足チャート

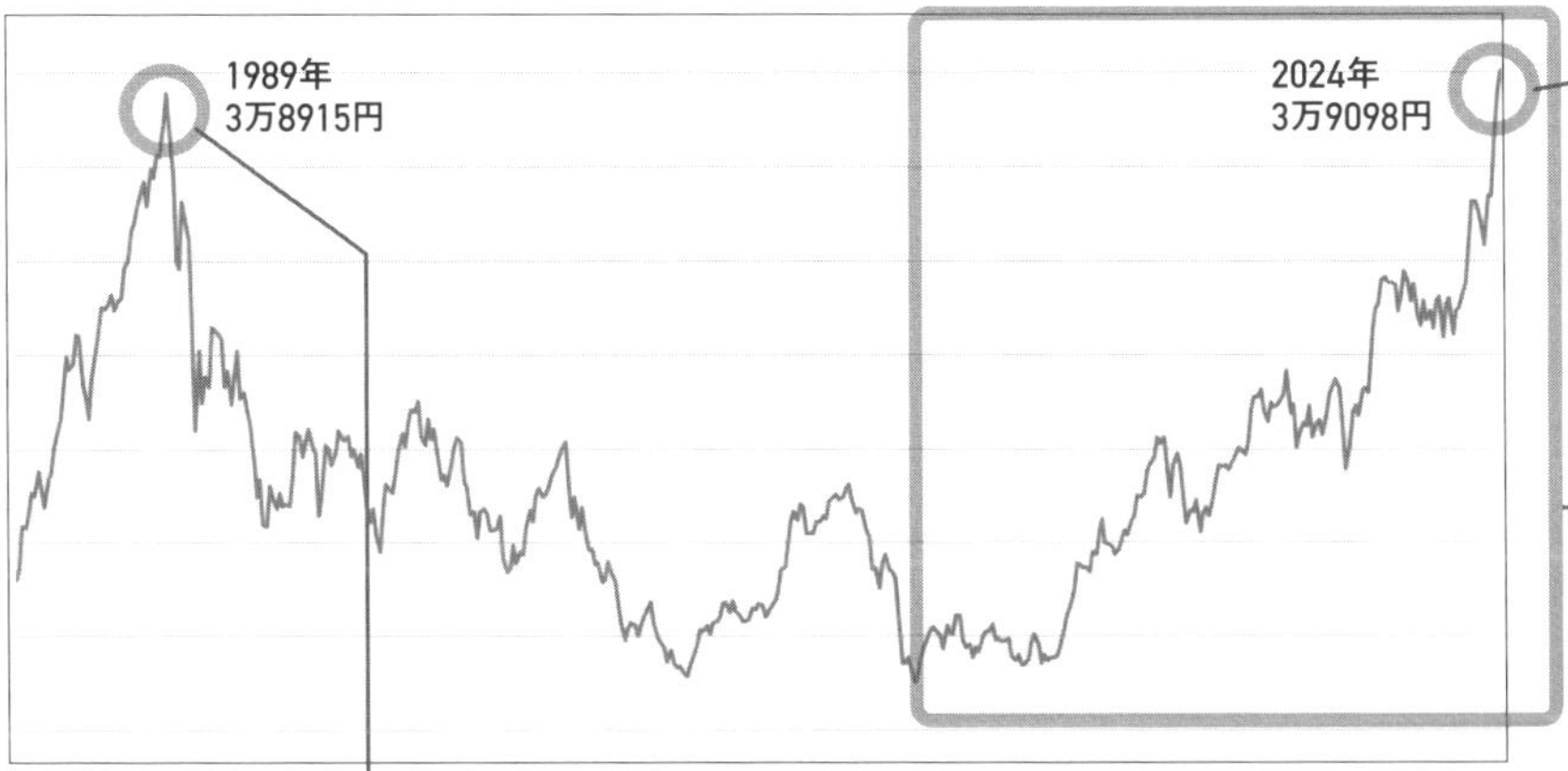

34年前の値にようやく戻っただけかも！

日経平均株価が4万円台を突破したあと、下落もあったが、金額だけを見ると34年前の水準にようやく戻っただけとも言える。むしろ物価や為替レートを考慮すると、まだ1989年の株価水準に足していないというアナリストの意見もある。

株価はいつまで上がる？

株価は上がることもあれば暴落することもあるので、「いつかは下がる」と思ってなかなか手が出せない人も多いでしょう。でも、2012年末「アベノミクス」から始まった株価上昇のときも、わずか半年で1万円台から1万5000円台まで上昇し、いまと同じように「もう高値なのではないか」と言われていましたが、実際は上昇を続けたわけです。

　さらに、日経平均株価はあくまでも225銘柄の平均値。株式市場には多数の銘柄、つまり多数の選択肢があります。どこかの株は下がっても、別の株は上がっているのです。

株が定期預金より有利なワケ

投資はギャンブルではない

投資と聞くと、ギャンブルのようだと警戒して手を出さない方も大勢いらっしゃいます。

昭和後期の日本では、定期預金だけで安全に資産を増やせました。しかし現在はほぼゼロ金利。２０２４年に日銀が政策金利の引き上げを発表したり、ゆうちょ銀行が5年定期の金利を0・07％に引き上げたりしましたが、それでももらえる利息はごくわずかです。

株式市場は右肩上がり

日経平均株価だけを見ても、基本的に右肩上がりの成長を続けています。確かに下落のリスクはありますが、少なくとも１００万円を預けても1年で２５０円（しかもそこから20・３１５％の税金が引かれます）しか利息がもらえない定期預金よりは、夢も希望もあります。

知識や経験があれば、株式投資で稼げる可能性がより高まります。株式投資を始めるのは、早ければ早いほどいいと思います。

株式投資がおすすめのワケ

おすすめのワケ 1 預貯金より高利回りが期待できる

日本の代表的企業225社の株価を平均した指数である「日経平均株価」。2012年末から右肩上がりの成長を続けている。一方、同時期から進められているゼロ金利政策のため、銀行の金利はほぼゼロだ。

銀行定期預金の金利
0.025%

※メガバンクの1年定期の金利例。2024年4月現在

日経平均株価 2023年成長率
28.2%

※年足で計算。2022年26,094円50銭。2023年33,464円17銭

おすすめのワケ 2 少ない資金でも始められる

株価が上がったとは言っても、まだ安く買える銘柄も少なくない。また、投資信託や上場投資信託（ETF）なら比較的小額から投資が始められる。

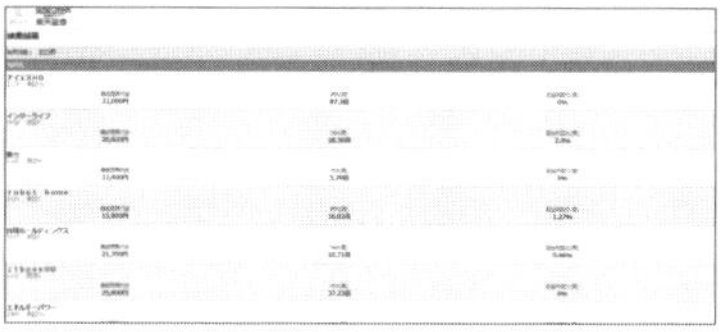

5万円で買える銘柄を検索すると、数百がピックアップされる

おすすめのワケ 3 新NISAで税金がおトクに！

2024年からNISAが拡充され、おトクに運用できるようになった。この新NISAをきっかけに投資を始めた人や再開した人も多く、株式市場は活況を呈している。

株での利益には
通常約20%の税金がかかるけど…

**新NISAなら
年間360万円の枠が
非課税！**

円安のいま、なにもしないと資産は減る!

為替と株価は関係が深い

株価と為替《かわせ》は密接に関係しています。超円高だった2011年には一時1ドル75円を記録しましたが、その後は反転し150円を超える水準まで円安が進んでいます。

これはドルで買い物をしようとすると、約2倍の日本円が必要になるということ。だから、資産が日本円ばかりだと、ドル視点で見ると半減したともいえるのです。

日本は輸入大国で多くの食品や衣料品、原油など様々なものを輸入に頼っています。円が安くなると、国内で流通している様々なものも値上がりするのです。だから低金利の日本で円資産しか持たないのであれば資産防衛ができないのです。

本書でご紹介する株式投資も元本保証のないリスク商品なので、資産が減ることもあります。ただ預貯金の資産価値が減るのですから、貯めるのではなく増やすに視点を変えて、上昇している金融商品に投資をすることも考えてください。

なお米国も株価が右肩上がりで、ダウ平均株価が史上最高値を更新しています。

▶円は13年で約半額に！

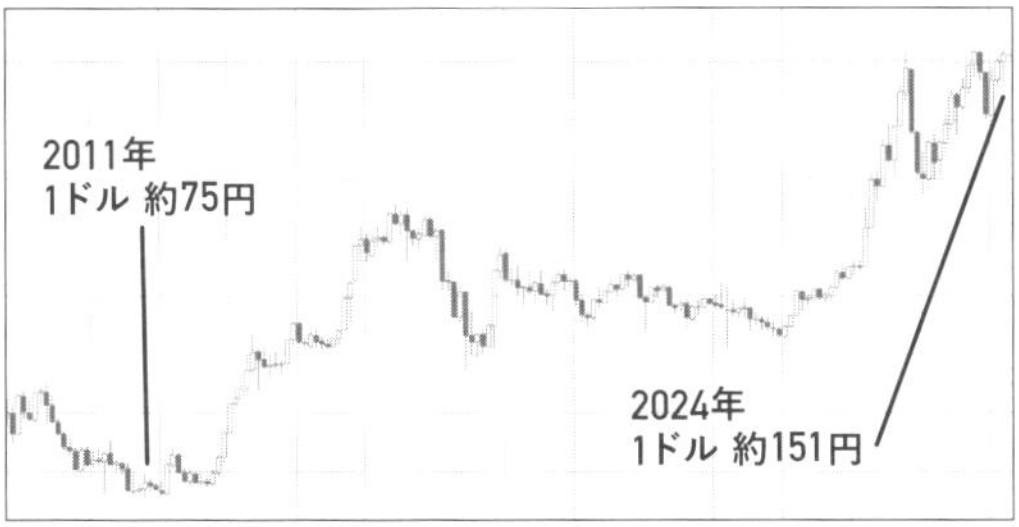

▶2011年

1ドル 約**75**円

※2011年10月

▶2024年

1ドル 約**151**円

※2024年4月

▶日経平均とNYダウ平均10年間の推移

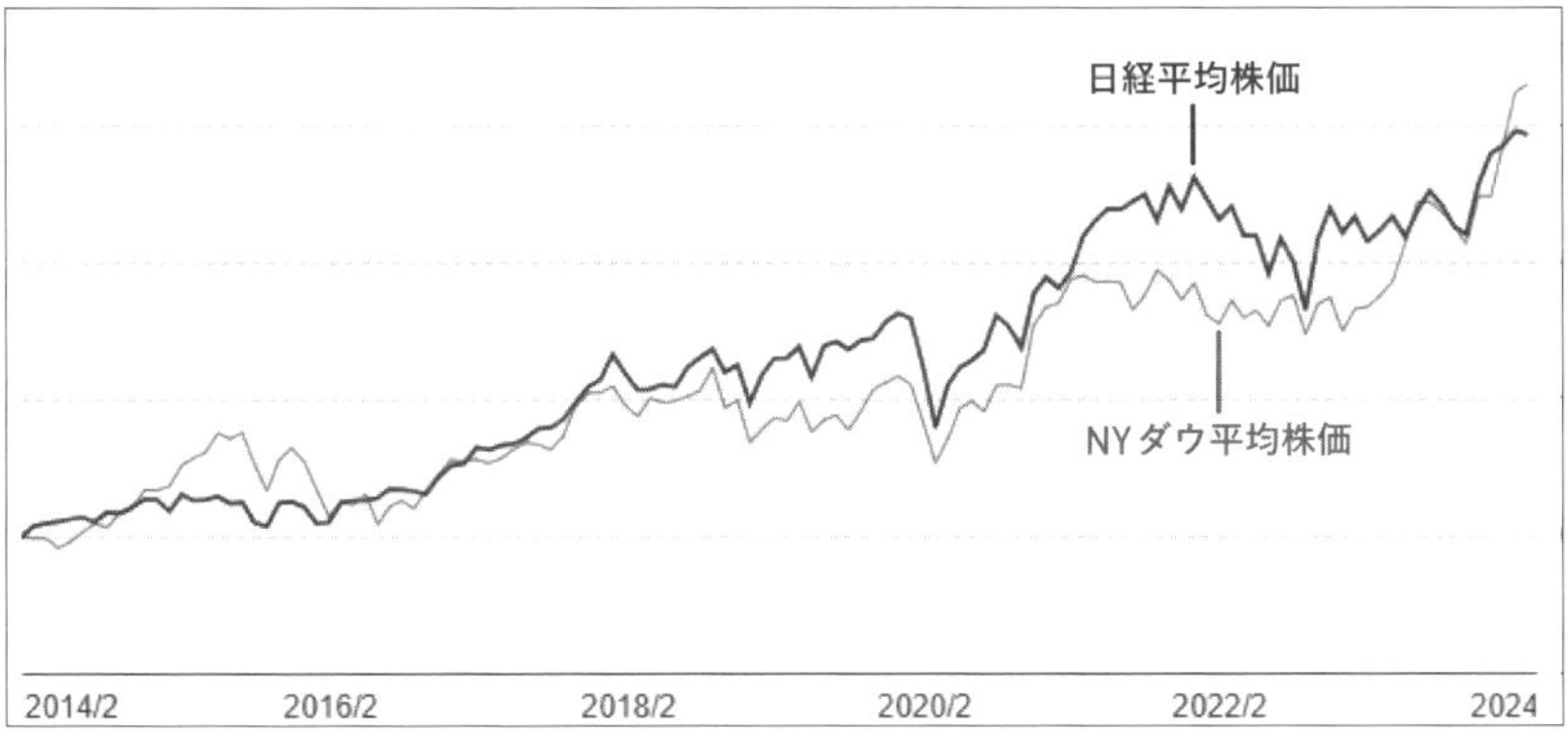

ダウ平均株価

2014年の株価（12月終値）
17,823.07ドル
▼
2024年最高値（3月21日現在）
39,889.05ドル

日経平均株価

2014年の株価（終値）
17,450.77円
▼
2024年3月最高値
40,888.43円

日経平均株価は2024年2月に最高値を更新してから、3月に4万円台を突破した。また、アメリカの代表的な株価指数のダウ·ジョーンズ平均株価は同じく2024年3月に最高値を更新し、4万ドル突破を目前に控えている。

はじめてでも株で稼げる5つのコツ

株式投資にはコツがある

株式投資には、残念ながら「必勝法」はありません。どんなに投資で稼いでいる人でも、何度も損した経験があるはずですし、どんな経験豊富な人でも、失敗を完全に避けることはできません。失敗を恐れて、しっかりと備えてから挑んで欲しいのです。

そこで、あまり投資に慣れていない人がつまずきやすい点や、「これだけは覚えてから投資に挑戦して欲しい」ということを、コンパクトにまとめたのが、左の5つです。

5つのコツで投資の世界へ！

コツ1と2でまずは株式投資に慣れていただき、コツ3～5では株式投資で稼ぐために役立つ知識を身に付けていただきたいと思います。とくにチャート分析は、最低限の情報だけでも押さえておかないと、何も持たずに山に登るようなものです。最初のうちは難しいと感じるでしょうが、ぜひ慣れてくださいね。

まずは中長期狙いの小額で買える株をピックアップしましょう。

いまからでも株で稼ぐための5つのコツ

コツ1 新NISAは売るも放置も便利に使う

NISAは運用利益に対して課せられる約20%の税金が非課税になる。「つみたて」「成長投資」2つの枠を使い分けること、リスクとリターンを考慮しながら保有銘柄を入れ替えていこう。

→ 第1章 第3章

コツ2 できるだけ安く株を買う

株で稼ぐコツは「安く買って」「高く売る」こと。「本来の企業価値」よりも株価が安い状態の銘柄を探し出すコツを解説する。

→ 第3〜4章

コツ3 儲ける勇気と損する勇気を持つ

株価上昇すれば「もっと上がるかも」と売れず、下落すれば「戻るかも」と売れない…。これが一番ダメなパターン。欲張りすぎず利益を確定したり、損を切って次の有望株に乗ることが大切。

→ 第2〜3章

コツ4 株式投資も「流行」に乗れ!

株式投資には、その時に人気を集める「テーマ」がある。不変的なもの、一時的に人気が急上昇しているもの、次に来るものなど、テーマをつかむコツを覚えよう。

→ 第3〜4章

コツ5 「チャート」にはお宝がいっぱい

投資に慣れないうちは敬遠しがちな「チャート」。実は投資で稼ぐためには必須のツールだ。必要最低限のチャートを読むための情報をコンパクトにまとめたので、おさえておこう。

→ 第5章

新NISAをやらないのは損！な理由

年間360万円も非課税で投資できる

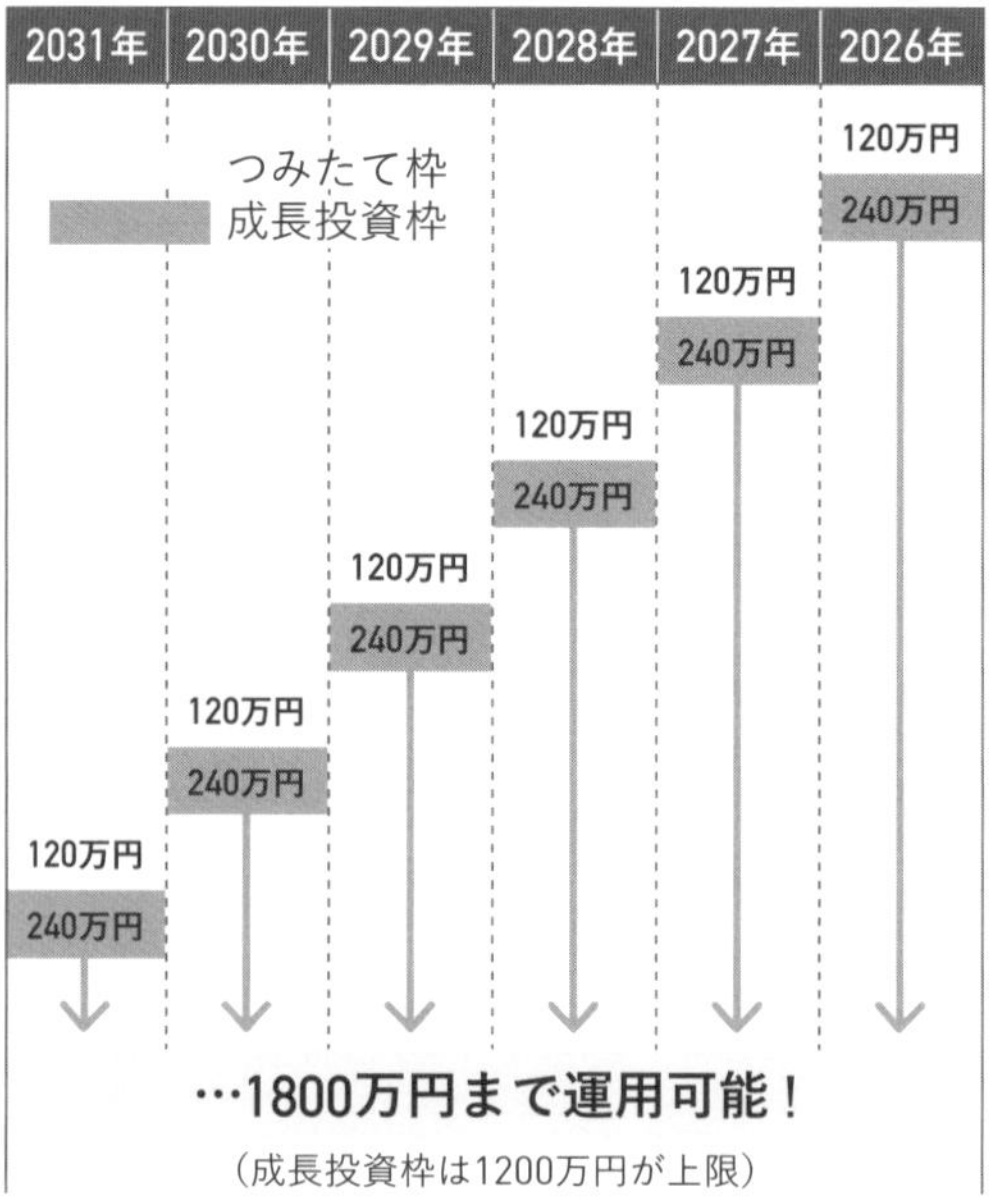

投資で得た利益が非課税に！

いま株式投資をおすすめする大きな理由が、2024年に拡充された小額投資非課税制度（NISA）です。NISAでは、株式の売却益や株主への配当金や投資信託の分配金に通常かかる約20％の税金が非課税になります。

小額でも投資できる投資信託やETF（上場投信信託）も対象なので、初心者にもってこいの制度です。

新NISA 3つのメリット

1 投資で得た利益が非課税に！

例 株式投資で10万円利益が出た場合

▶**通常なら…**

収入

7万9685円

税金

2万0315円

▶**NISAなら…**

収入そのまま

10万円!

株式投資で得た利益に対しては通常、所得税15%、復興特別所得税0.315%、住民税5%で合計20.315%の税金が課せられる。しかしNISA枠で得た利益に対してはこれらが加算されず、すべて自分の利益になる。

2 つみたてで小額からの投資が可能！

NISAは対象となる金融商品が限られるが、ETFを含む投資信託も対象。投資信託は小額、小口から投資できる商品も少なくないので、つみたて投資にも向いている。

3 日経平均や不動産、海外経済にも投資できる！

株式投資は「どの株を買うか」で迷うもの。投資信託なら「日経平均株価連動」「ダウ平均株価連動」など「指数」に連動する商品も多数あるので、投資初心者でも選びやすい。

新NISAは上限額をうまく使おう

使い切れなかった分は持ち越されない

NISAは非課税になる投資額に上限があります。「成長投資枠」は上限が年間240万円まで、「つみたて投資枠」は年間120万円です。この上限内であれば、たとえば成長投資枠で1月に40万円の株を買って、12月に200万円分株を買うという買い方でも大丈夫です。新しい年になれば非課税枠はそれぞれ240万円、120万円に復活しますが、使い切れなかった分は翌年に持ち越されません。

売却したら…枠はどうなる？

対象の金融商品に違いがあり、「つみたて投資枠」は基本的に投資信託が対象。「成長投資枠」は個別銘柄も含まれます。

「つみたて」と「成長」ふたつの枠の合計で1800万円が非課税枠の上限です。毎年フルで投資して売却しなかった場合、5年で枠を使い切ってしまいます。株を売却すると翌年に枠が復活するので、うまく売買しながら長く賢くNISAを使いましょう。

NISAについて知っておこう！

	つみたて投資枠 併用可	成長投資枠
年間投資枠	120万円	240万円
非課税保有限度額	1800万円（簿価残高方式で管理。枠の再利用が可能） （成長投資枠は上限1200万円）	
非課税保有期間	無期限化	無期限化
口座開設期間	恒久化	恒久化
投資対象	長期の積立・分散投資に適した一定の投資信託	上場株式・投資信託など（一定の投資信託を除外）
対象年齢	18歳以上	18歳以上

POINT 1 つみたては商品が限られている

「つみたて投資枠」は長期のつみたてを念頭にしているため、投資信託が対象。投資信託は個別銘柄と比べて小額から投資できる商品が豊富なので、分散投資にも向いている。リスクとリターンのバランスを考えて、うまく分散して投資するのがおすすめ。

POINT 2 分配金や配当金も非課税対象

株式投資で得られる利益には、売ったときに得られる売却と、保有している間にもらえる配当金、投資信託で得られる分配金などがある。以前はあった保有期間が2024年になくなったので、NISAではこれらにかかる税金がずっと非課税になった。

POINT 3 売却すれば非課税枠は翌年復活する

非課税枠は、つみたて投資枠と成長投資枠の合計で1800万円が上限。そのうち成長投資枠は1200万円まで。この上限に達しても、保有株式を売却すれば、売却した分の枠は翌年に復活し、また活用できる。

新NISA2つの投資枠を賢く使い分け

「つみたて」枠で長期運用

NISAには「つみたて投資枠」と「成長投資枠」の2種類の枠があります。2023年まではどちらかしか選べなかったのですが、いまは併用が可能になりました。この2つは想定する目的が異なっていて、「つみたて投資枠」は対象商品が投資信託のみ（ETF含む）。長期保有の運用に向いています。「成長投資枠」でも投資信託を買えますが、国内外の株式とETFも対象となっているので、短期のトレードも制度に想定されているでしょう。

前ページでも説明しましたが、毎年フルに枠を使っていくと5年で上限の1800万円を使い切ります。使い切ってしまうと、新しく割安な株や成長が期待できる投資信託を買うチャンスがなくなります。もちろん、売らずに保有し続ける「長期保有投資」に使うのも選択の1つです。

つみたて枠をどう使うか、成長投資枠で何を買うか、持ち続けるのか売却するのか。自分に合った投資方法を見つけて、うまく使い分けてください。

新NISA2つの投資枠の違い

合計年間360万円（合計最大1800万円）

成長投資枠って？

年間240万円

（最大1200万円）

対象商品

- **国内株式**（国内ETF、REITなど含む）
- **海外株式**（海外ETF含む）
- **投資信託**

※一部対象外

メリット

対象商品が豊富

株価が上がれば高いリターンが得られる

デメリット

- 銘柄選びや売買タイミングが難しい
- 個別株は変動率が大きい

つみたて投資枠って？

年間120万円

（最大1800万円）

対象商品

- **投資信託** 282本

		国内	内外	海外
公募投信	株式型	51	27	76
	資産複合型	5	113	2
ETF		3		5

※参照：金融庁「つみたて投資枠対象商品」https://www.fsa.go.jp/policy/nisa2/products/
2024年2月29日時点
※実際に取引できるのは証券会社ごとに異なります。事前に確認しましょう。

メリット

最低100円から始められる

運用をプロに任せられる

デメリット

- 対象商品が少ない
- 短期間で資産が大きく増えない

新NISAで何を買えば良いの?

まずは投資信託がおすすめ

新NISAの成長投資枠では上場されている銘柄やETFなど、膨大な数が対象です。つみたて投資枠では対象商品が「長期保有や分散投資に向いた投資信託と限定されています。証券会社によって扱っているファンドの数は異なりますが、人気のネット証券会社だとたいていどこも200本前後はあります。

国内上場株式銘柄はどの証券会社でも変わりはありませんが、売買手数料、扱っている投資信託の種類や数は証券会社によって異なります。また、投資信託によって、信託報酬や運用手数料が変わります。

NISAのための口座は、1つの証券会社でしか作れません。1年に一度だけ移管することはできるのですが、手続きが面倒ですので、最初にじっくり吟味しましょう。

左におすすめのファンドを挙げます。初心者のうちはあまり数を増やしても管理が大変ですので、慣れるまでは一点集中で、慣れてきたらリスクとリターンのバランスを考えて、分散させるというのも手です。

プロが運用する投資信託を買おう

オススメはコレ！

オール・カントリー

「全世界株式」または「オール・カントリー」という名の通り、全世界の株式を投資のプロが運用している。圧倒的な人気と、好パフォーマンスを誇る。

株価指数連動型

日常生活でもよく目にする日本の代表的な株価指数「日経平均株価」や、東証株価指数「TOPIX」に連動するインデックス型。

ともかくローリスクを望むなら

日本国債

日本国債の利回りに連動したファンド。パフォーマンスは低いが、元本保証なので安心。安定重視志向の人に人気が高い。

外国国債

米国債など、外国の国債の利回りに連動するファンド。日本国債よりパフォーマンスは良いが、国によって安定度は異なり、為替の影響も受ける。

リスクをとっても高いリターンを望むなら

新興国株式

新興国の株に分散投資するファンド。リターンが高いがリスクも高い。「**成長著しいインド株式はパフォーマンスも良く、おもしろいと思いますよ！**」

商品価格連動型

商品先物市場で取引されている原油、金、穀物などの「商品」の価格に連動する。

ｉＤｅＣｏと株式投資、ここが違う

iDeCoとは？

▶個人型確定拠出年金のこと

自分で掛け金を拠出して、毎月つみたてていく個人年金。つみたての対象は投資信託のみで、商品は自分で選ぶ。自営業者、会社員、公務員などで掛け金の上限が異なる。

▶対象は20〜64歳

加入対象は20〜64歳だが、69歳まで対象を広げる方針が発表されている。お金を受け取れるのは原則60歳以上になってからで、受け取り方は一時金方式と年金方式が選べる。

▶税が優遇される

iDeCoは3つの税制優遇措置がされている。「掛け金の全額所得控除」と「利息・運用益の非課税」と「受け取り時の税制優遇措置（一定額まで）」だ。

ｉＤｅＣｏは運用方法の年金

この章の最後に、個人型確定拠出年金、ｉＤｅＣｏについて説明します。ｉＤｅＣｏは投資信託を運用するので、ＮＩＳＡと似たものとして受け取られやすいのですが、あくまでも個人年金です。ｉＤｅＣｏは原則、満期になるまでお金を引き出せません。また、税金の優遇も手厚く、ＮＩＳＡ同様、運用益も非課税なうえ、掛け金は全額所得控除になります。さらに、受け取るときも所得控除が適応されます。

iDeCoにはこんなにメリットがある！

メリット 1
掛け金が全額所得控除

掛け金が全額所得控除になる。毎年、所得税と住民税が減税され、その分が戻ってくるので、ファンド商品の運用失敗によって元本が多少減っても、節税効果の方が優ることも珍しくない。

メリット 2
運用益は非課税

投資信託の分配金や利息などの利益が出ると、通常20.315％の税金が課せられるが、iDeCoでもNISAと同じように非課税になる。

メリット 3
受け取るときも税金が優遇される

受け取り時にも税金は優遇される。満期になると受け取り方を選べる「一時金方式」なら退職所得控除の対象。「年金方式」なら公的年金控除の対象。「一時金＋年金」なら両方の対象になる。

このようにｉＤｅＣｏのメリットは節税効果がとても大きいことです。

原則60歳まで引き出せない

ｉＤｅＣｏでは掛け金を60歳まで引き出せないので「いざというときのお金を確保しておきたい」という人は向いていません。また、自営業者や個人事業主は掛け金の上限が毎月６万８０００円なのに対して、公務員だと毎月１万２０００円です。会社員でも企業型確定拠出年金に加入しているかなどで掛け金が変わります。所得控除という点でいうと個人事業主の方が、加入したほうがいいのかもしれませんが、掛け金が自由に動かせないので悩ましいところです。

iDeCoでガッチリ運用するコツ

iDeCoの3つのポイント

▶手数料の安さで選ぶ

iDeCoでは、NISA含む株式口座と違って、「口座管理料」がかかる。ネット証券会社は無料〜安価で、銀行系は月額数百円かかる傾向にある。

▶原則、途中解約できない

掛け金は最低毎月5000円からで、原則、60歳以上（60〜70歳まで選択可能）になるまで、受け取れない。不測の事態でまとまったお金が必要になったときでも、困らないように注意。

▶元本保証よりリスクを取ろう

せっかく全額所得控除になるのだから、ある程度はリスクをとってリターンを狙おう。ミドルリスクのオール・カントリーやインデックスファンドなどがおすすめ。

iDeCoとNISAを使い分ける

iDeCoの最大のデメリットは「掛金が60歳以上になるまで受け取れない」だと思っています。掛け金は最低毎月5000円必要で、払えないときは一時停止ができるのですが、引き出しは原則できません。

税制の優遇措置は大きいのは魅力。投資は余裕資金で行うことが鉄則ですので、iDeCoかNISAか選べと言われたら、私としては資金の流動性があるNISAのほうがおすすめです。

第2章

11ステップでわかる
株の買い方、売り方の超基本

STEP 1

証券会社選び、大切な4つのポイント

まず証券会社を選ぼう

株取引のためには、「証券会社」に口座をつくる必要があります。証券会社は大きく分けると大手独立系、準大手や中小、銀行系、外資系、そしてネット証券会社など。たくさんある証券会社の中から、自分にあった会社を見つけましょう。**手数料が安くて手間が少ないネット証券会社が主流。**ネット証券会社の場合、投資家はパソコンやスマートフォンから注文を出すので、スピーディーで手数料が安いのが特徴です。

証券会社を選ぶポイントは4つあります。**①手数料の安さ②扱っている株の種類・範囲③ツールやアプリの見やすさ、扱いやすさ④情報の豊富さ**です。

初心者に人気なのは、手数料が安くてクレジットカード決済が使えるSBI証券、扱いやすい取引アプリ「マーケットスピード2」と取引で楽天ポイントがたまることでも人気の楽天証券などです。SBI証券と楽天証券は特定の国内株式などの条件を満たせば取引手数料が無料なのも人気の理由です。

証券会社選びはこの4つをチェック！

Check! 1

手数料の安さ

株の取引には手数料がかかる。料金体系はさまざま。1約定ごとや定額制、一定金額以下の取引なら手数料無料の会社も！ 1日何回取引するのか？どれくらいの予算を動かすのか？ など、自分の取引スタイルに合わせて選ぼう。

Check! 2

扱っている株の種類・範囲

どの証券会社も国内株の扱いはほぼ変わらないが、海外株や投資信託のカバー範囲はかなり異なる。将来的に日本株以外にも挑戦したいなら考慮しておこう。1株から購入できる会社もある。

Check! 3

情報の豊富さ

証券会社によって、株価に影響する速報、おすすめ銘柄、株価を何年前までさかのぼれるかなど、提供される情報が異なる。アナリストやAIによる分析を出している会社もある。

Check! 4

ツールやアプリの見やすさ、扱いやすさ

各社で取引システムや情報検索の仕様は大きく異なる。検索のしやすさ、チャートやツールなど、自分にとって見やすい、使いやすいものを選ぼう。かなり重要なポイントだ。

STEP

2 ネットでサクサク！口座開設

最短5分～！
3ステップで口座申込完了！
メール登録
本人確認
お客様情報入力
【iOS16をご利用のお客様へ重要なお知らせ】
iOSの不具合によりSafariで一部画面がフリーズする事象が発生しております。
お申込みの前にOSのアップデートをお願いいたします。
※iOS16でお申込みの場合は、以下の設定変更で画面フリーズの回避ができます。
設定変更方法：iPhone/iPad「設定」→パスワード→パスワードオプション→パスワードを自動入力→「オフ」
楽天会員の方
楽天会員ではない方
「楽天会員の方」からのお申し込みでは、楽天会員メールアドレスを当社登録メールアドレスとさせていただきます。
本申込みはこちらの書面の内容を兼ねています

画像は楽天証券の取引口座作成画面

口座はネットで簡単に作れる！

取引口座は証券会社のウェブサイトで申し込めば短時間で開けます。本人確認書類も、スマホで撮影してアップロードするだけでＯＫ。最短で翌営業日から取引できる証券会社もあります。

　口座は証券会社ごとに作れます。１つだけしか口座を持っていないと、システムメンテナンスなどで売買チャンスを逃してしまうこともあるので、いくつか口座を作っておきましょう。

ネットなら3ステップで口座開設可能

各社のウェブサイトにアクセスして、口座開設フォームに進む。
必要事項を記入のうえ、送信すればOK。

STEP 1 メールアドレス登録

各社のウェブサイトから口座開設のためのメールアドレスを登録。メールにリンクが送られてくるので、手続きを進める。PCでもスマホでも可能。

STEP 2 個人情報の登録

本人確認書類の提出と個人情報を登録する。本人確認書類はネット上にアップロードならすぐに完了する。郵送の場合は確認に1週間程度かかる。

▶マイナンバーの登録は必須！

株取引のためにはマイナンバーの登録が必須。本人確認をマイナンバーカード以外で行った場合、個人番号記載の住民票の写しなどを提出する必要があります。

STEP 3 IDとパスワードでログイン

証券会社から口座開設のお知らせと、ログインID、初期パスワードなどが届く。ウェブサイトや専用アプリからログインする。

▶入金して取引開始！

自分が買える株を調べる

用意したお金で、どんな銘柄が取引できるのか、
まずはチェックしよう。

株価を調べる

各銘柄の取引金額を確認！　証券会社の銘柄検索サービスや、Yahoo！ファイナンスなどで会社名や銘柄コード、ランキング情報から上場銘柄の株価を調べることができる。

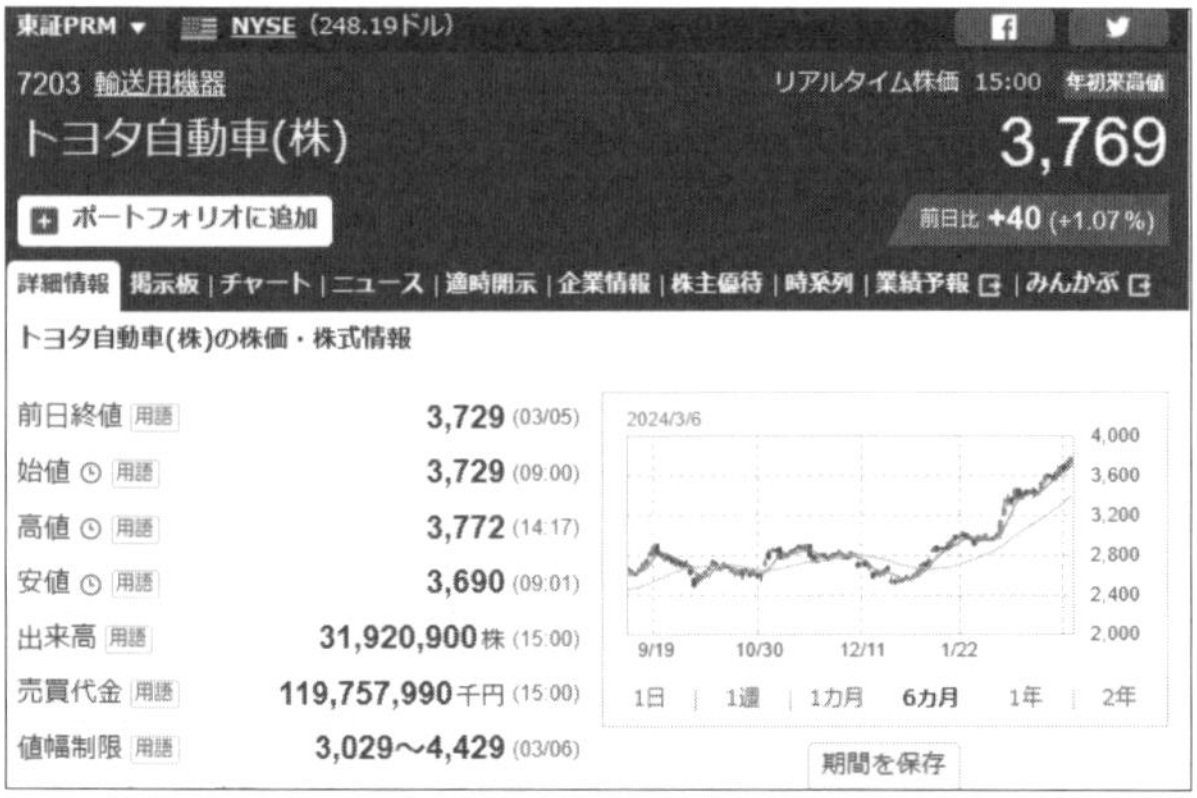

トヨタ自動車の2024年3月6日の終値
Yahoo!ファイナンスより（https://finance.yahoo.co.jp/quote/7203.T）

取引金額を調べる

単元（売買単位）は100株で統一されている。つまり、株を買うには株価×100以上の資金が必要。ただし証券会社によっては「単元未満株」を提供していて、1株から購入できる場合もある。配当の配分、株式分割の割り当ても保有株数に応じて受けられる。

▶株を買うのにいくら必要か

株価	×	単元(100)	＝	必要金額
株価1000円	✕	1単元	＝	10万円必要
株価1000円	✕	5単元	＝	50万円必要
株価1000円	✕	単元未満株 3株	＝	3000円必要

▶単元未満株とは？

単元は通常は100株で統一されているが、一部の証券会社では1株単位など、単元未満で買うことができる。単元未満株を買いたい場合は、対応している証券会社に口座を作ろう。ただし買える銘柄は限定される。

メリット

- 少ない資金で購入可能
- 大手企業が多く比較的安定
- 分散投資がしやすい

デメリット

- 銘柄が少ない
- リターンが少ない
- 取引時間が決められている

少ない資金でも買える株は？

まずは資金で買える株を調べましょう。1つの銘柄を買うのに、どれくらいの資金が必要かというと、数万円～数百万円と株価によって異なります。

通常、株を買うには株価×100の資金が必要です。しかし一部の証券会社が取り扱っている「単元未満株」なら、株価が高い「値がさ株」でも1株単位で買うことができます。値がさ株は価格が短時間で大きく変動しないので、1株だけ買ってもあまりリターンは見込めませんが、リスクは低いので、お試しで買ってみるのも良いでしょう。

STEP

4 売却益（キャピタルゲイン）を狙おう

安く買って高く売って利益を得る

株で儲けるため、安く買って、高く売る。この売却益（キャピタルゲイン）を狙うのが基本です。買った銘柄の株価が上昇すれば利益、反対に下落すれば損失が生じます。株価は売買が成立すると決まります。その銘柄に有利な情報が出ると、欲しい人が増えますが、株は発行数に限りがあり、持っている人が売りに出さなければ買うことができません。

株価800円から人気が出ると「900円で売る」「1000円で買いたい」「1100円なら売る」「1200円で買う」というように、どんどん値上がりしていきます。逆に「1200円は高すぎる」という人が増えると、「今売っておかないと損をする」「損を少しでも減らしたい」と考える人がどんどん売りに出すので、株価が値下がりしていくわけです。

株価が下がる要因は様々です。業績以外にも、「みんな売ってるから」で下がることもあるので、保有している株の値動きには注意しましょう。

売却益《キャピタルゲイン》で儲かる

**▶買った銘柄の株価が上がった時点で売れば、
その差額分×取引株数が利益になる**

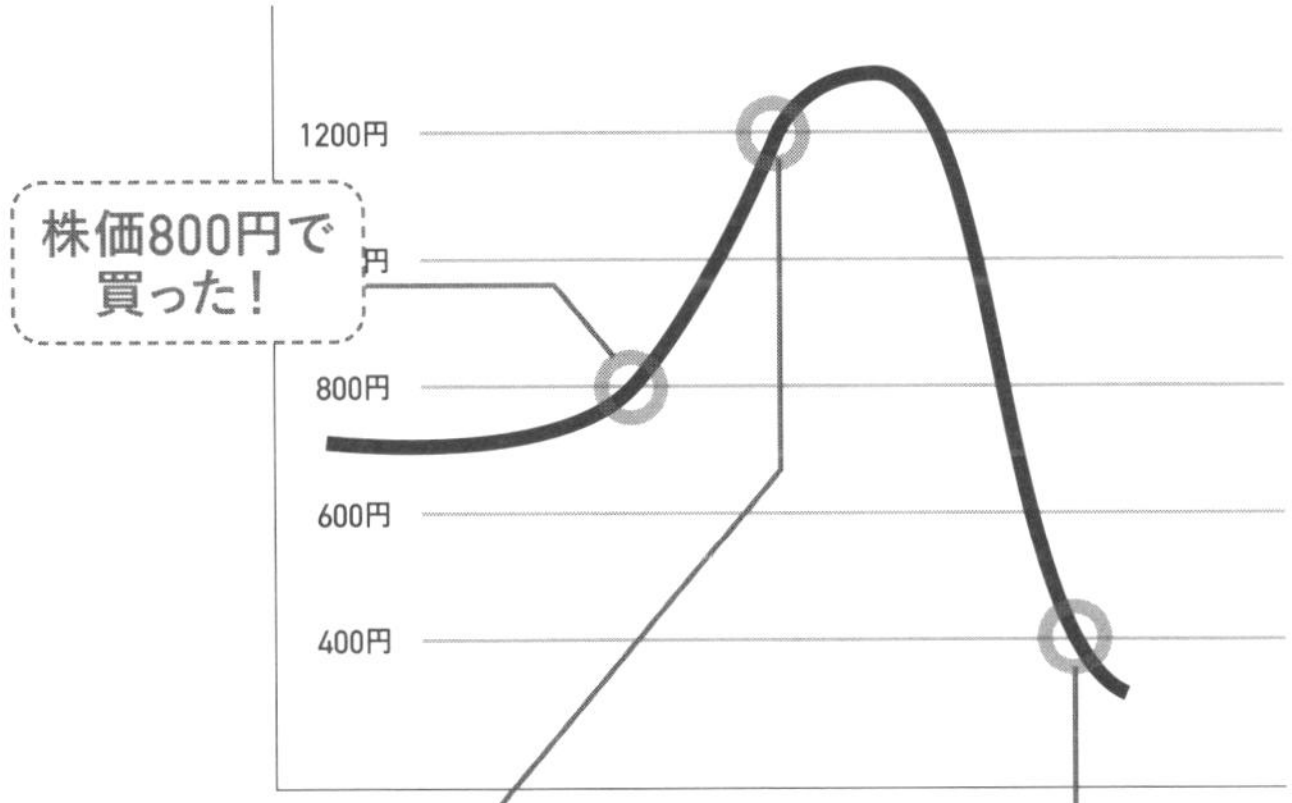

これが
売却益!

株価1200円になった!

ここで売れば…
1株あたり400円プラス!

株価400円に下がった…

ここで売れば…
1株あたり400円マイナス

株価が上がるワケ

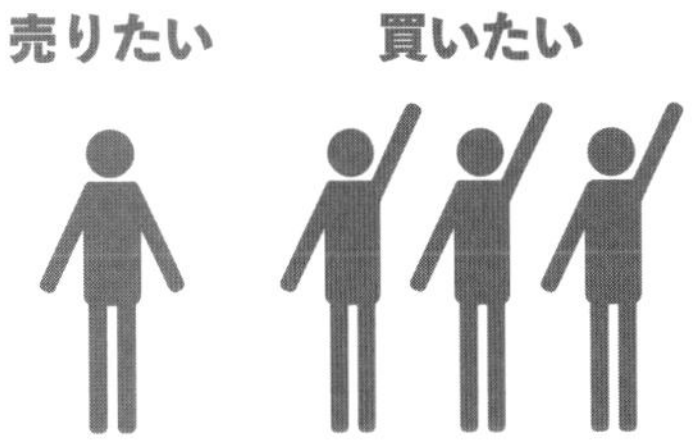

新商品が売れたなど、その会社のプラスの情報が流れ、多くの投資家が株を欲しがるから。

株価が下がるワケ

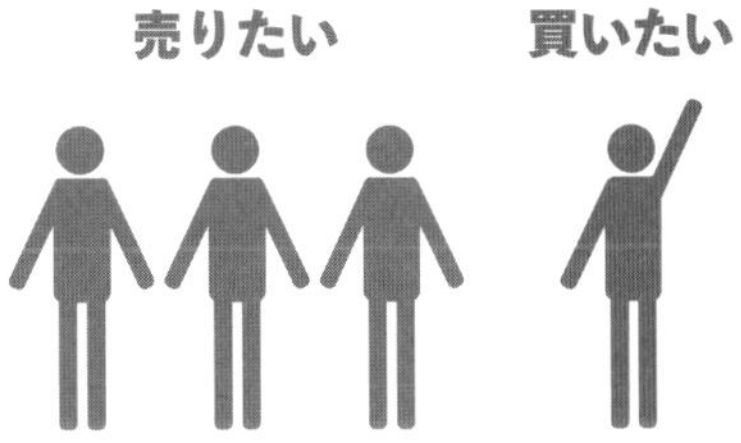

赤字が拡大したなど、その会社のマイナスの情報が流れ、投資家が株を売ってしまったから。

STEP

5

魅力たっぷり、インカムゲイン

保有しているだけで収入がある

インカムゲインは、金融資産を保有していることで得られる収入のことで、株式投資では配当金と投資信託の分配金のことです。また、株主優待も含めます。

配当金は保有しているだけで収入になるので、人気があります。配当金が高く、長期間安定して成長し、株価も堅調な銘柄は人気で、増配（配当金を増やすこと）や復配（無配の企業が配当を始める）をする企業は株価が上がる傾向にあります。

無配や減配に要注意

配当金目当ての長期保有は、いわゆる「ほったらかし副収入」です。ＮＩＳＡで高配当銘柄を買っておけば、配当金にかかる税も非課税になるのでお得に運用できます。

ただし、業績の悪化には注意。無配（配当を止める）、減配（配当金を減らす）となると、間違いなく株価も下がります。早々に別の株に持ち替えるか、業績が戻るまで持ち続けるか判断しましょう。

インカムゲインとは？

配当金

配当とは、企業が行う株主還元のひとつ。利益の一部を株主に支払う制度。定められた期日に株主になっていれば保有株数に応じた配当金を受け取ることができる。ただし赤字決算で配当金を減らしたり、無配という年もあったり、最初から配当金なしの企業もある。

例

株価1000円の企業で
配当金が1株当たり60円の場合

1000株保有していれば…

配当金
6万円
配当利回り6%

株主優待

配当と同じく、株主還元の一種。特定の期日に株主になることで、その会社の商品やサービス券、カタログギフトなど、さまざまな特典を受け取ることができる。化粧品メーカーであれば自社製品、飲食店や小売店は店舗で使える金券、最近はお米を贈呈する企業も増えている 。

投資信託の分配金

投資信託で運用成績によって運用会社から支払われるお金。元本から増えた分が支払われる「普通分配金」と、元本から減った分が戻される「特別分配金」がある。また、「分配金なし」の投資信託商品もある。

STEP

6 自分に合った投資スタンスを探す

自分がトレードできる時間帯は？

投資スタンスも押さえておきたいポイントです。大きく分けて短期の「デイトレード」、数日～数週間の「スイングトレード」、数カ月から年単位の「中長期トレード」があります。どれが自分のライフスタイルや資金量に合っているのか照らし合わせ、選びましょう。日中に株価をチェックできない環境ならばスイングトレードがおすすめです。数分の値動きで売買を繰り返す「スキャルピング」もあります。

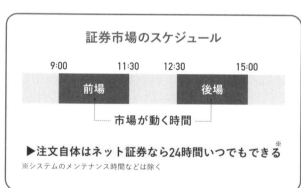

証券市場のスケジュール

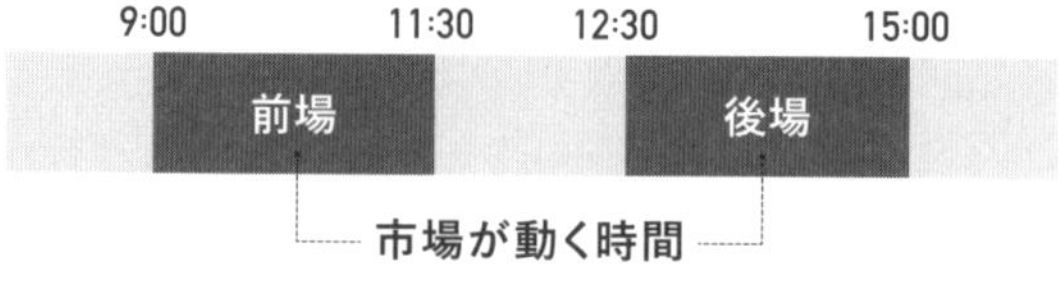

▶注文自体はネット証券なら24時間いつでもできる※

※システムのメンテナンス時間などは除く

株の取引時間は平日の昼間だけ！

株式市場の取引時間は平日午前9時~15時まで(途中に休場あり)。時間は限られている。とはいえ、注文自体は取引時間外でもネットで出しておけるので心配はない。サラリーマンであれば出勤前に新規注文や決済注文を出しておけば十分取引できる。

3つのトレードスタンス

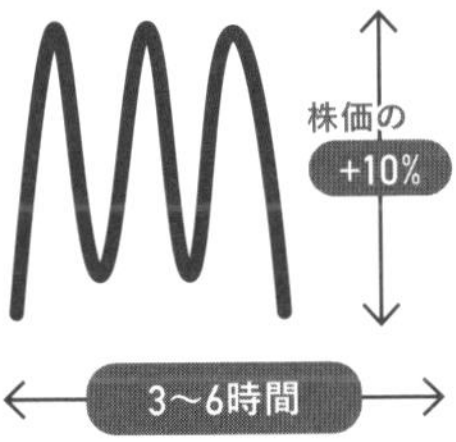

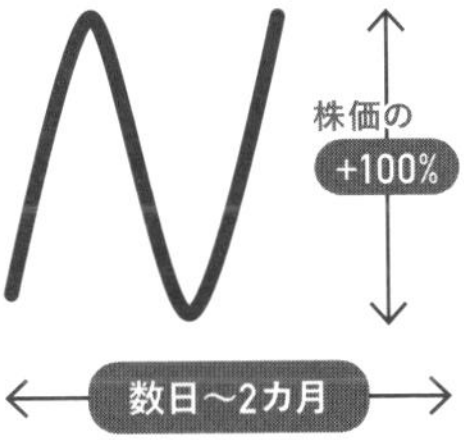

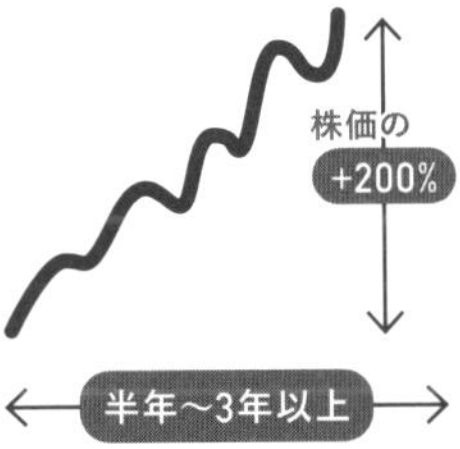

スタンス	デイトレード	スイングトレード	中長期トレード
特徴	**1日の範囲内で取引。瞬発力で勝負する!** 数分から数時間など、1日の間で売買を完結させる取引手法。株価チャートと板情報を参考に、一瞬でも値上がりしそうな銘柄を狙うのがポイント 。	**数日〜数カ月単位で値上がりを待つ** ある銘柄を買えば、数日〜数週間は持ち続け、利益を狙うのがスイングトレード。株価チャートや企業の業績などをもとに価格が上昇しそうな銘柄を狙う。	**長いスパンで売買益や配当、優待を狙う** 一度銘柄を買ったら、数か月〜年単位で保有する。長期的な企業の成長がカギで、大きな上昇で多額の利益を狙う。安定株で配当、優待を狙うのもあり。
こんな人に向いている	**取引時間が確保できれば誰でもできる!** 平日に休みが取れる、あるいは半休を取りやすい人ならデイトレードは可能。注文するだけなら取引時間外にも出せるので、昼間は勤務している会社員でも不可能ではない。	**会社員にピッタリの取引手法** 帰宅後や週末に銘柄分析を行い注文を出しておけばいいので、平日が仕事の会社員でも余裕をもってできるのが、この手法。ただし塩漬けには注意しよう!	**余裕資金がたくさんあり、のんびり投資したい** 各社で取引システムや情報検索の仕様は大きく異なる。検索のしやすさ、チャートやツールなど、自分にとって見やすい、使いやすいものを選ぼう。かなり重要なポイントだ。

※グラフ内の値動きパーセンテージはあくまで目安です。

STEP

7 儲かる銘柄選び、ここをチェック！

どんな銘柄の株価が上昇する？

株式投資で重要なのが銘柄選び。記念すべき最初に保有する銘柄を何にするか、じっくり選んでください。

株式市場では、注目度の高い銘柄に売買が殺到します。その時々のニュースに関連する銘柄や、業績が好調な銘柄、新製品や新しいサービスを始めた銘柄など、そうした企業の銘柄を選ぶのがコツ。

ただし、「よくわからない業界だけど話題だから」と買ってしまうと、自信をもってトレードできません。最初は仕事や趣味など日常生活で関わりのある、身近な銘柄だと情報に触れやすく、有望銘柄も探しやすいのでおすすめです。慣れてきたら、知らない業界でも、どんな銘柄が有望なのかが見えてくるはずです。

忘れないでほしいのは株式投資は必ず「余裕資金」でやりましょう。

銘柄選びの5つのポイント

POINT 1 余裕資金で買えるか

投資に使っていいのは余裕資金だけ。生活費や教育資金など、失ってはいけないお金を充てるのは厳禁。余裕資金の範囲内で買える銘柄を探そう。

POINT 2 成長している企業かどうか

最新のスマートフォンやパソコン、仕事で使うソフトやシステム、毎日食べるもの等々…。身近なところから拡大、成長する企業の銘柄を探してみよう。

POINT 3 業界全体が成長しているか

業界全体が成長しているなら、その企業も投資家からも注目されている。反対に衰退業界だと投資家に見放され、株価は上昇しづらい。

POINT 4 配当はどうか

最近は高配当銘柄が人気。配当や配当に関する情報にも気を配ること。業績が悪化すると減配や無配当に転落もあるので、IR情報をしっかりチェックしよう！

POINT 5 株主優待や配当金の権利確定日は近いか

人気の高い株主優待銘柄や高配当銘柄の「権利確定日」の前は買われるので株価が上がり、その後は売られて一時的に値を下げることが多い。高値づかみは避けよう！

STEP

8 証券取引所と3つの市場の基本

4つの取引所と3つの市場

株は証券取引所に上場されている銘柄でなければ、基本的に売買できません。株式を扱う証券取引所には東京証券取引所（東証）を中心に札幌証券取引所、名古屋証券取引所、福岡証券取引所の4つの証券取引所があります。証券取引所には日本全国で4000近い企業が上場していますが、企業の規模や経営状況などによって、「プライム市場」「スタンダード市場」「グロース市場」の3つに分かれています。

最初はプライム市場がおすすめ

大まかに分けると比較的安定して成長している大企業が多いのが「プライム市場」。次いで規模が大きく成長途中にある企業は「スタンダード市場」に多く、ベンチャー企業などは「グロース市場」に多く上場しています。例外も少なからずありますが、プライム市場に上場するには高いハードルをクリアする必要があるので、最初はプライム市場の中から銘柄を探すのが良いでしょう。

日本の証券取引所と3つの市場

▶日本全国で約4000もの銘柄がある！

※2024年4月現在

日本取引所グループの4つの証券取引所（東京証券取引所 、名古屋証券取引所、福岡証券取引所、札幌証券取引所）には全体で約4000もの企業が上場している。企業規模や経営状況などによって、プライム市場、スタンダード市場、グロース市場の３つに分かれている。

プライム市場
1651社

国内外でも知られている有名企業が多い。証券取引所から求められる経営の流動性など、厳しい条件をクリアしている。

スタンダード市場
1610社

基本的な水準を満たした、中長期的な成長と安定性が証券所から認められた企業が上場している。中には超有名大企業の銘柄もある。

グロース市場
578社

ベンチャー企業など、成長が期待される企業が上場している。短期間で激しい値動きをすることも少なくない。

※上場数は2024年4月4日現在

STEP 9

買うべき銘柄をツールで絞り込もう

欲しい銘柄をピックアップ

銘柄選びで便利なのは、証券会社や株式サイトが提供する、スクリーニングのサービスです。市場や業種、投資金額などを設定することで、条件に合った銘柄がピックアップできます。証券会社各社はもちろん、東洋経済新報の『四季報オンライン』はじめ、たくさんある〝株式投資情報サイト〟でもスクリーニングを提供しています。無料のものも有料のものもあるので、気に入ったものを選びましょう。

身近な業種に絞るのも面白い

たくさんある銘柄から有望銘柄を探し出すにはスクリーニングは必須です。慣れないうちは自分の資金で買える銘柄や、身近な業種に絞ってスクリーニングするだけでも、普段使っている家電製品のメーカーやお気に入りのレストランチェーン、通販サイトの運営会社などが出てきて、「こんな企業の株が自分でも買える」ということがわかるだけでも面白いですよ。そこから投資する価値があるかを検討しましょう。

「銘柄スクリーニング」でお目当ての株を探そう!

銘柄スクリーニングとは、投資金額や配当利回りなど、各種条件を指定して銘柄を絞り込む機能のこと。証券会社や株式サイトでサービスの一環として提供されている。ほしい銘柄が簡単に絞り込めるので、まずは利用してみよう。

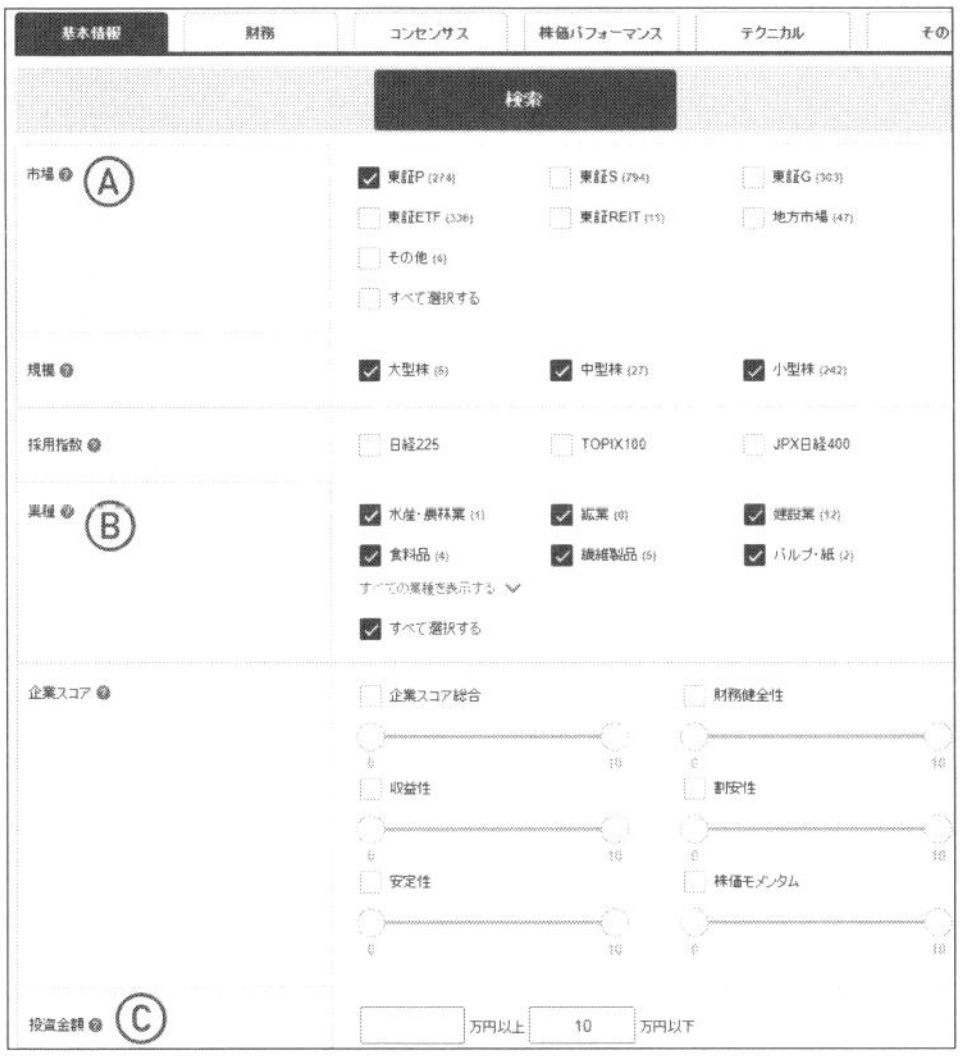

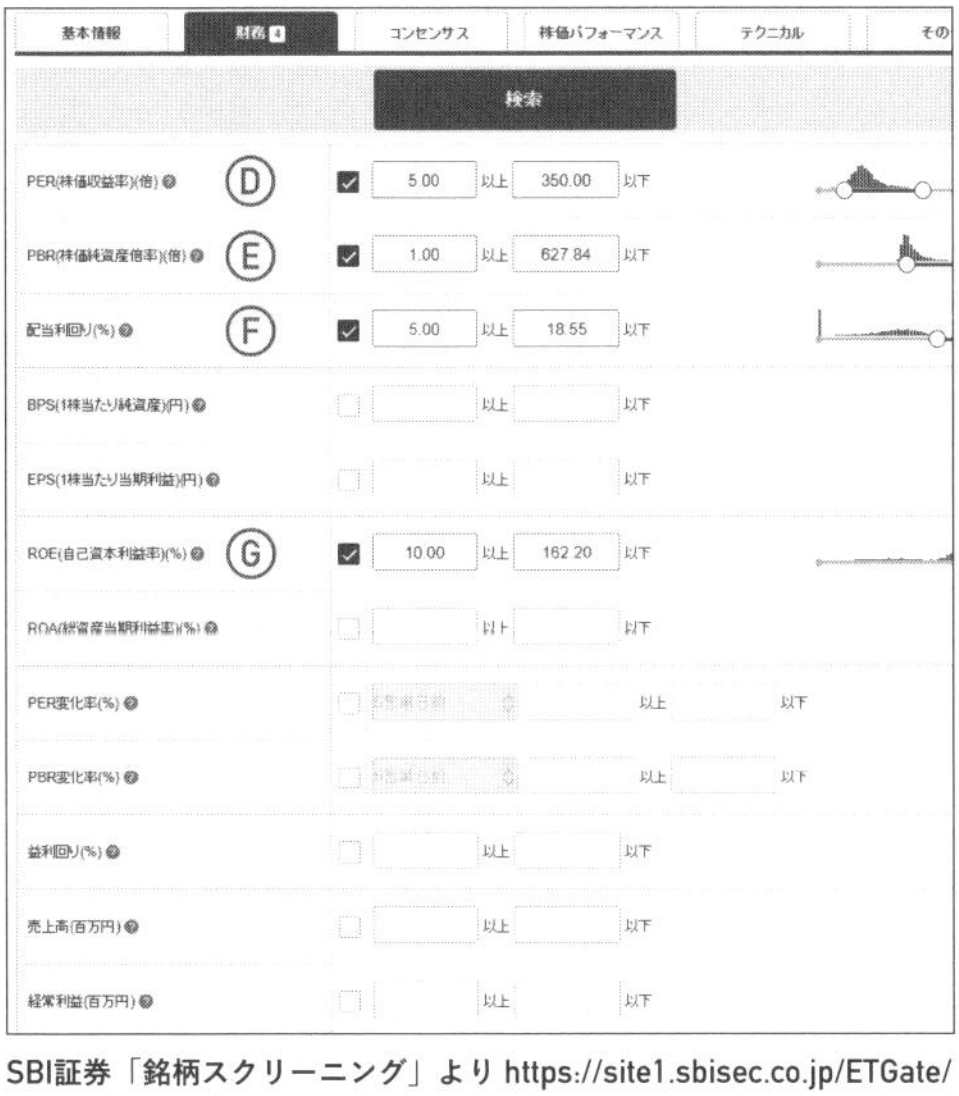

SBI証券「銘柄スクリーニング」より https://site1.sbisec.co.jp/ETGate/

Ⓐ 市場

全市場、もしくはプライムのみ、グロースのみなど、ピックアップしたい銘柄の市場が選べる。

Ⓑ 業種

全業種、もしくは建設、金融、医薬品、サービス業など、業種を絞って銘柄を選べる。

Ⓒ 投資金額

自身の投資可能金額を指定すれば、その金額内の銘柄のみがピックアップされる。

Ⓓ PER

PERとは各銘柄の割安度を測る指標。株価に対して利益水準がどれくらいなのかで計算される。

Ⓔ PBR

PERと同じく株価の割安度で、株価に対して1株あたりの純資産が何倍なのかという数値。

Ⓕ 配当利回り

投資金額に対して得られる配当利回りを指定できる。高配当狙いなら、ここの数値を高めにしよう。

Ⓖ ROE

投資効率の高さを測る指標。高いほど効率が高いとされる。同業他社を比較する際に便利。

STEP

10

「トレンド」「ローソク足」「出来高」に注目

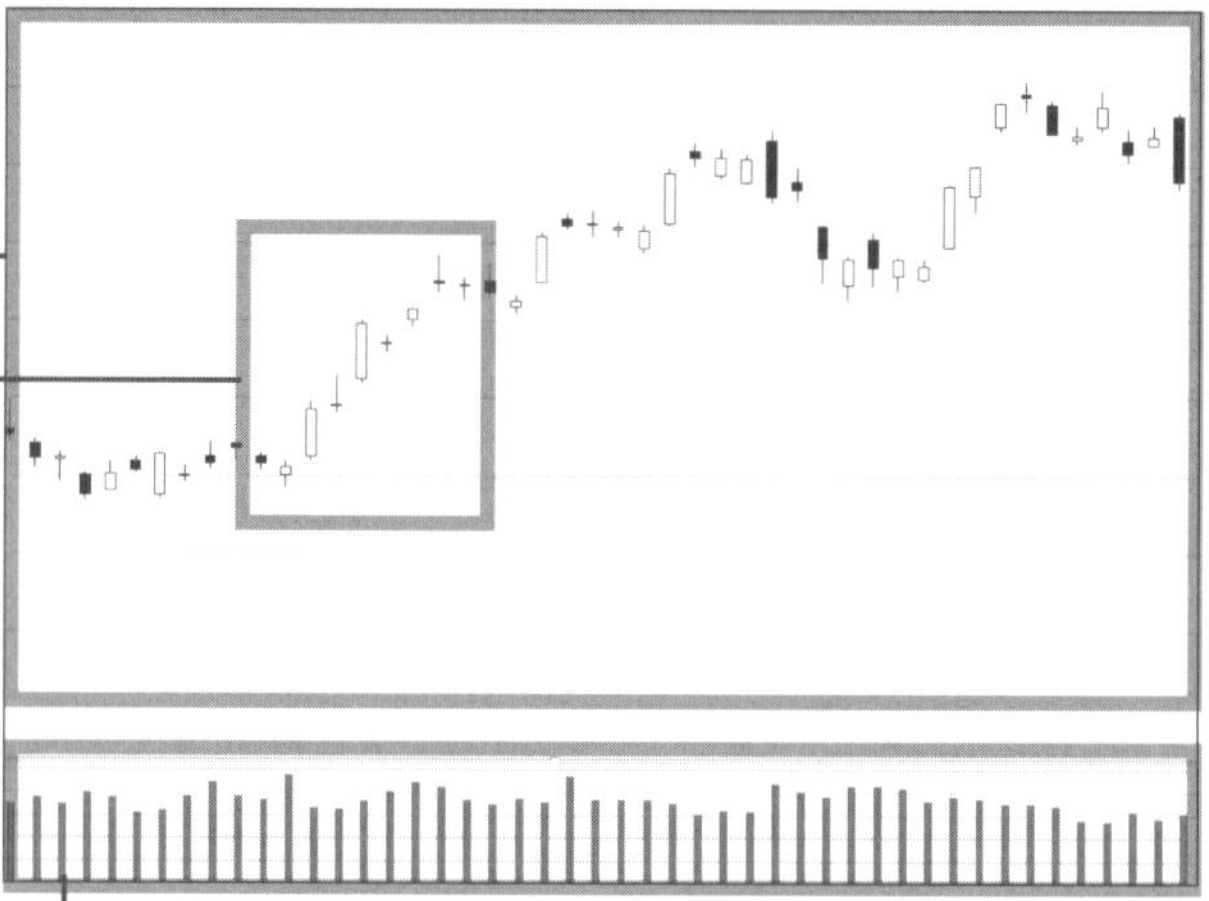

チャートの動きで相場を理解しよう！

これが一般的な株価チャート。過去から現在の株価を表したグラフだが、これを見ることで、今後の値動きが予測できる。

チャートは情報の宝庫！

株式投資において、チャートはとても重要です。チャートは、過去から現在までの「その銘柄がどれだけ注目されているのか」「上昇中なのか、下落中なのか、停滞中なのか」「高値圏か、安値圏か」はもちろん、「売買タイミング」や、「危険な兆候」なども読み取れる、まさに情報の宝庫です。

最初は難しいと思いますが、徐々に学んでいってください。チャートについては第5章で詳しく解説します。

株価チャートの基本をおさえる

まずはチャートの超基本、この3つを覚えておこう

▶上昇トレンドか下降トレンドか

ローソク足が一定の範囲内で動いているということは、横ばいトレンドだということ。

ローソク足が波打ちながら右肩上がりになっていれば、上昇トレンドだということ。

ローソク足が波打ちながら右肩下がりだということは、下降トレンドだということ。

▶ローソク足はヒントがいっぱい

価格の変化や勢いを知るのに必要不可欠

ローソク足とは、1日や1時間など、一定時間の始値終値・高値・安値をローソク状の形で現したもの。単体、もしくは複数の並び方で、価格の変化や今後の動きが読める。

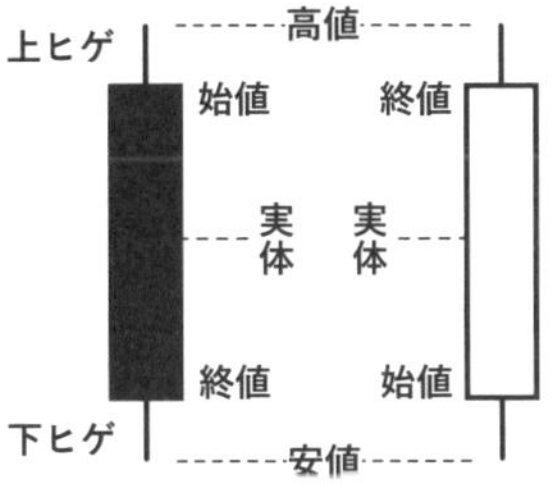

陰線
始値より終値が安くなった時のローソク足。価格の下落を意味する。

陽線
始値より終値が高くなった時のローソク足。価格の上昇を意味する 。

▶出来高で市場の注目度を見る

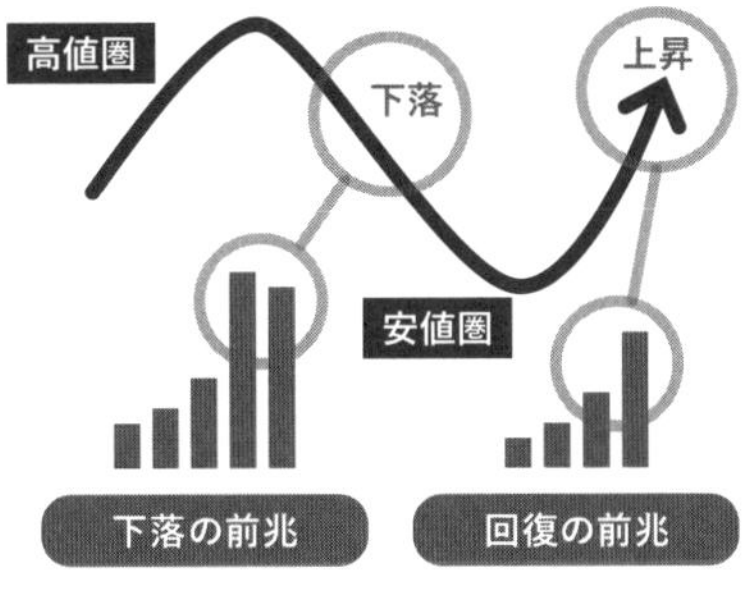

出来高＝売買が成立した株数のこと！

出来高とは、一定期間に売買が成立した株数のことで、これが高いということは、その銘柄が注目されているということ。上昇や下落の直前は高くなる。長期間にわたって出来高がゼロの銘柄は注目度もゼロ同然ということなので、買ってしまったら売るに売れなくなる可能性もある。必ずチェックしよう。

STEP 11

いざ売買！ 注文を出そう

注文を出すときに必要なこと

① 証券コードと銘柄名
② 取引したい株数
③ 希望株価（指値注文の場合）
④ 成行か指値か逆指値か
⑤ 注文の期限

注文方法は3種類

買いたい銘柄が見つかったら、いよいよ注文です。注文方法は時価で買う「**成行**」、現在より安い買い値を指定する「**指値**」、現在より高い買い値を指定する「**逆指値**」があります。

成行は確実性が高いのですが、ストップ高のときなどは想定より高い値段になることも。指値は安く買いたいときに使いますが確実性はありません。逆指値は「上昇トレンドに転じたら買う」というときに便利です。それぞれをうまく使い分けてください。

「板」では売りと買い、それぞれがどれだけ入っているのかがわかります。

ただ、板は情報過多になり、最初は迷う原因になるかもしれません。まずは見ないでトレードを始めてみましょう。

注文画面をチェック！

これが注文画面！

各銘柄の売買の注文状況がわかる！

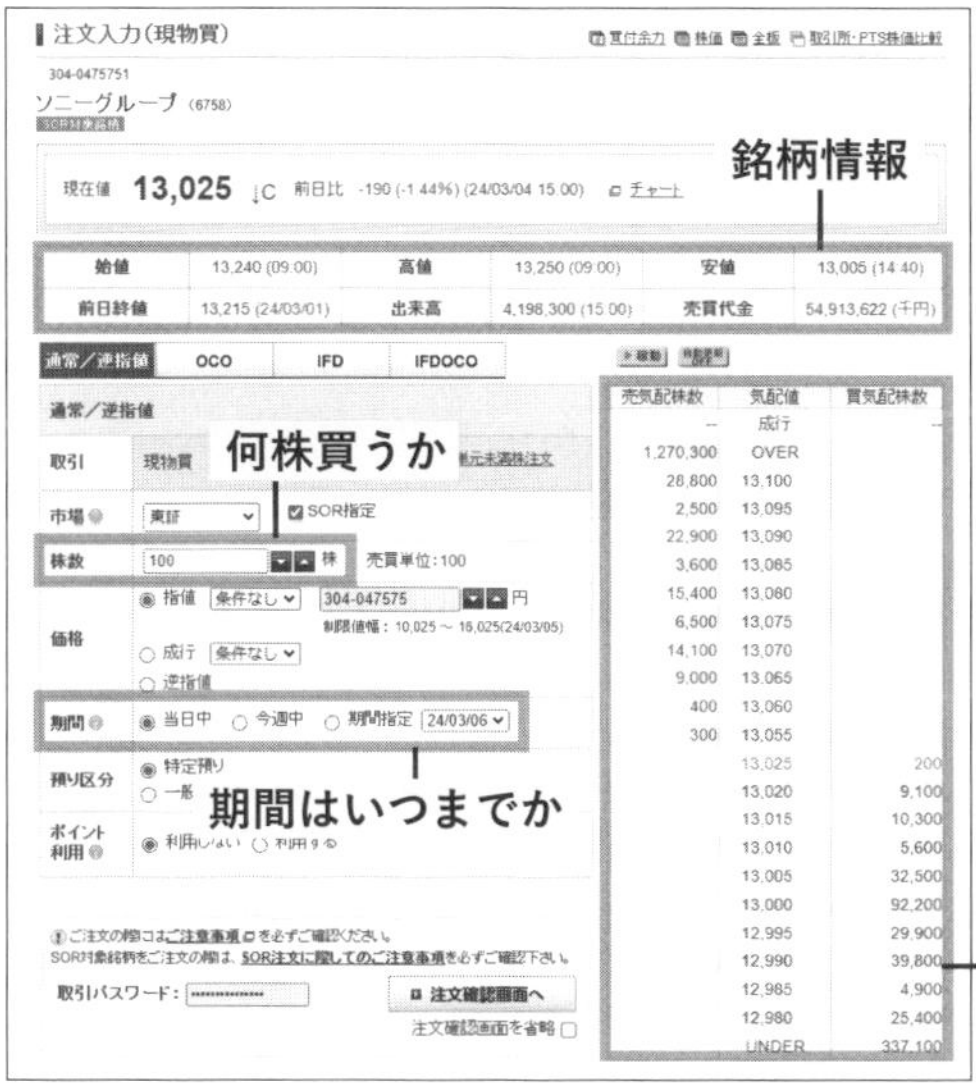

（SBI証券） https://www.sbisec.co.jp

指値か成行か逆指値か

いますぐ欲しいなら成行、価格を指定するなら指値、逆指値を指定。当日中や期日を決めるなど、注文を執行させる期間も選択すること。

入力を終えたら…
注文発生！

「板（気配値）」を見る

「板（気配値）」とは、各銘柄における、価格ごとの注文状況を示した情報のこと。証券会社の注文画面では必ず表示される。これを見ることで、他の投資家がどういった価格で取引したいか、どの価格なら取引できるか理解できる。

▶売りの気配値

13055円で売りたい人の総量300株
現時点
13055円以上で買える！

売気配株数	気配値	買気配株数
--	成行	--
1,270,300	OVER	
28,800	13,100	
2,500	13,095	
22,900	13,090	
3,600	13,085	
15,400	13,080	
6,500	13,075	
14,100	13,070	
9,000	13,065	
400	13,060	
300	13,055	
	13,025	200
	13,020	9,100
	13,015	10,300
	13,010	5,600
	13,005	32,500
	13,000	92,200
	12,995	29,900
	12,990	39,800
	12,985	4,900
	12,980	25,400
	UNDER	337,100

▶買いの気配値

13250円で購入したい人の数量200株
現時点
13250円以下で売れる！

column

「3つの注文方法」を使い分けよう

**株を買うときに知っておかないといけないのは、基本的な注文方法。
それが、下の3つだ！**

成行注文 …リアルタイムのレートで約定

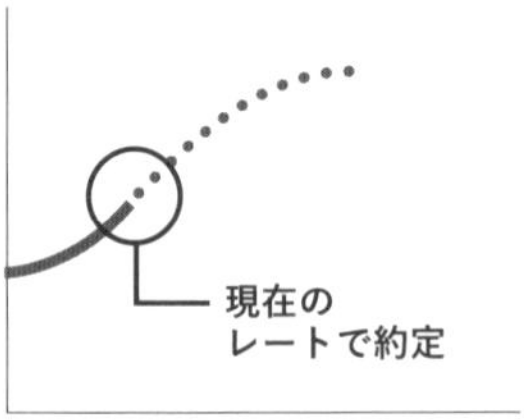

メリット

注文を出した時の株価で約定（注文成立）する注文方法。いますぐ買いたい・売りたいというときは、これを使うこと。すぐに約定する。

デメリット

価格の変動が激しいときは、1株100円で買いたいと思ったのに110円で約定するなど、思わぬ高い価格で買ってしまうことも…。

指値注文 …レートを指定して注文

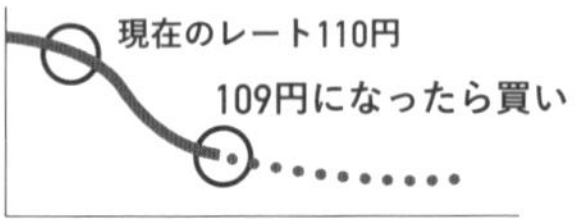

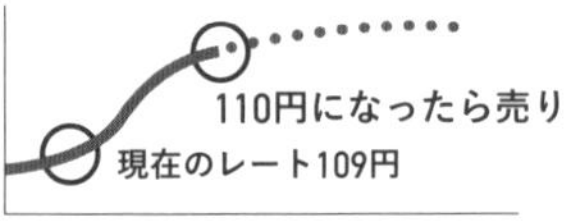

メリット

「〇円で買い」というように、価格を指定して注文する方法。指定した株価以外では約定しないので、価格をコントロールしたいなら便利。

デメリット

価格を指定するので、その株価にならないことに注文が成立しない。よって、必ずその銘柄を売買できるとは限らない。

逆指値注文 …指値と反対の注文方法

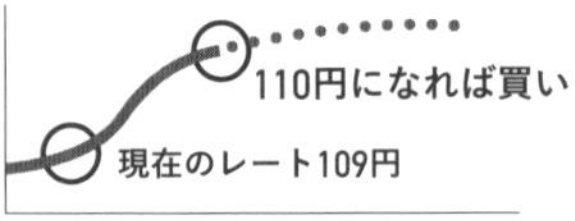

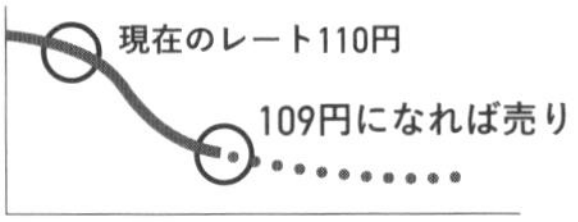

メリット

指値注文と反対の価格指定注文。現在のレートより下がったところで売れるので、損切り注文に有効。上昇トレンドでの買いにも使える。

デメリット

指値と同様、価格を指定するので、必ず売買が成立するとは限らない。約定価格を気にしないなら、成行注文を使ったほうが確実だ。

第 3 章

株を
安く買って
高く売るコツ

株の基本「安く買って高く売る」を忘れない

いつ安くなって、いつ高くなる？

株で稼ぐ基本は、「株価が安いときに買って、高いときに売る」です。そうして増えた資金でまた新しい株を買って、値上がりしたら売る。これを繰り返すことが理想です。ただし１００％の確率で安く買って高く売れることはあり得ません。だからこそ、「いまが安値なのか」「投資家に注目されている株なのか」「好材料（株価が上がる要素）はあるのか」、「業績は堅調か」「配当はあるのか」といった点に注意を払う必要があります。

いつでも売買できるわけではない

覚えて欲しいのは、いつでも「売りたいときに売れる」わけでも「買いたいときに買える」わけでもないということです。株は需要（買いたい人）と供給（売りたい人）があってはじめて売買が成立します。特に売りたいときに買い手がいなければ売るに売れません。そのために、ちゃんと売買が成立している、出来高、売買代金がしっかりある銘柄を選ぶことが大切です。

上がるときに買って、下がる前に売る！

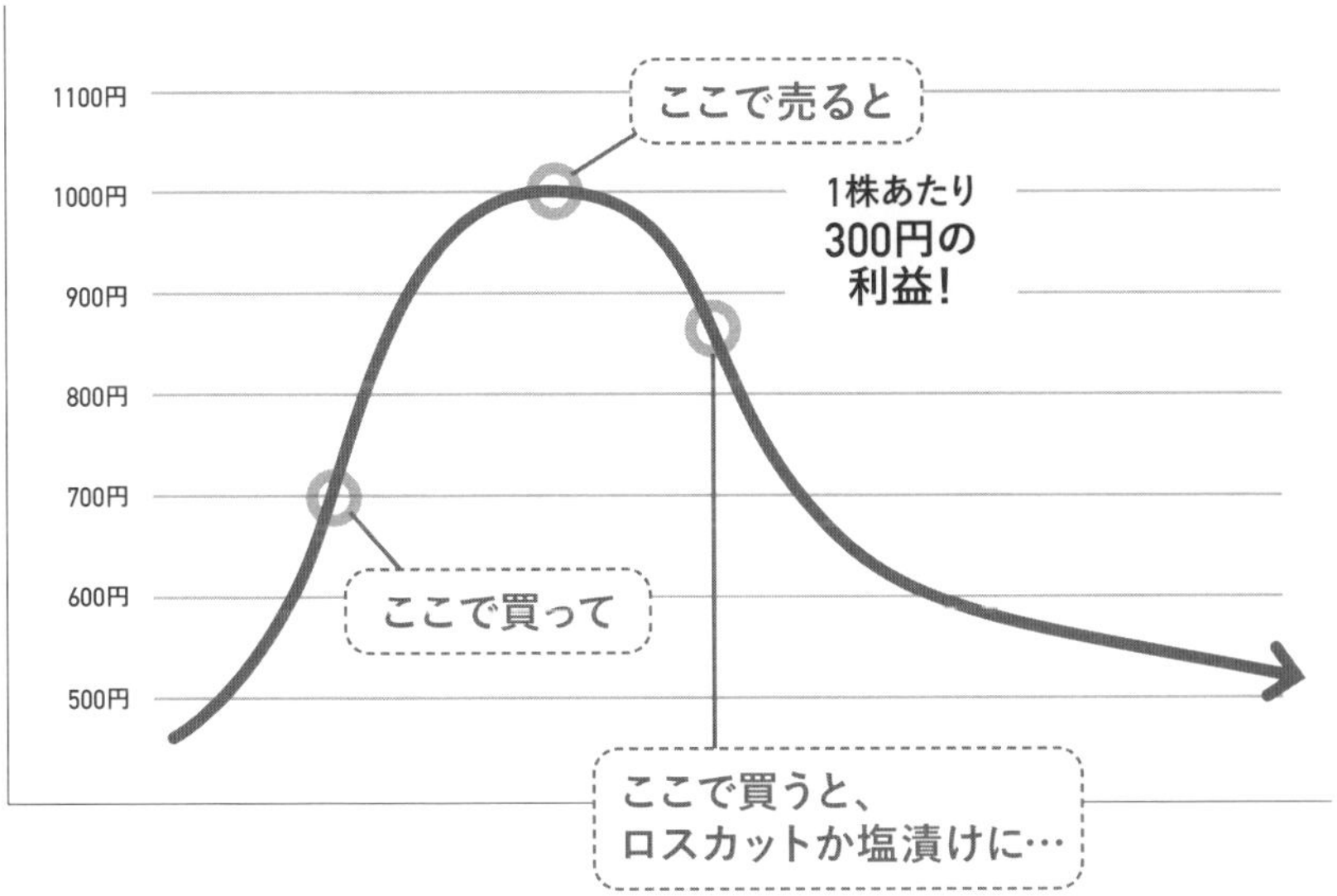
1100円
1000円
900円
800円
700円
600円
500円
ここで売ると
1株あたり
300円の
利益！
ここで買って
ここで買うと、
ロスカットか塩漬けに…

Check!

株は需要と供給！ いつでも売買できるとは限らない！

株価が下落しているときに買ってしまうと、損を確定する「ロスカット（損切り）」か、株価再上昇を期待して持ち続けるかしかなくなる。持ち続けても、さらに下落してしまうと目も当てられない！

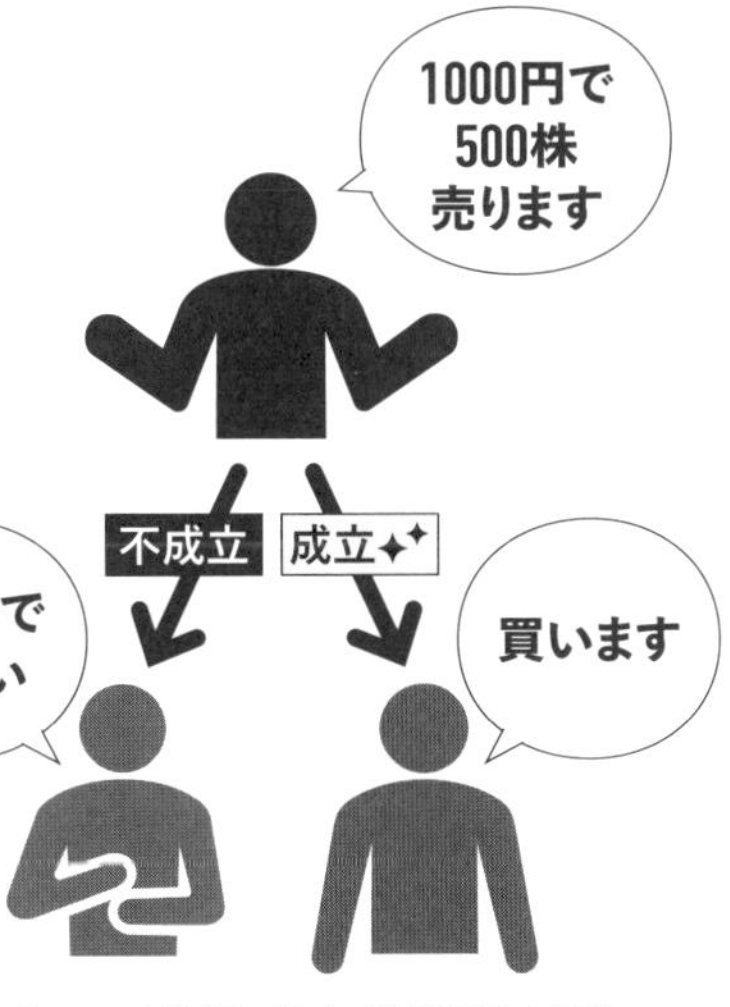
1000円で
500株
売ります
不成立
成立
980円で
欲しい
買います

保有している銘柄の株を「1000円で500株売りたい」と思っても、「1000円（以上）で500株（以上）買いたい」と考えている人がいなければ、売ることはできない。

3つのステップで資産を増やす！

資金によってスタイルをチェンジ

株式投資で資産を増やしていくために、まずはプロセスを確認しましょう。ポイントは、資金サイズに応じて、取引する銘柄や投資スタンスを変えていくことです。そうすれば効率的に資産を増やせます。

まずは投資をはじめたばかりの段階では、小額でも買える銘柄で、株式投資に慣れてください。

慣れてきたら、資金を追加して上昇が期待できる銘柄を買ってみましょう。おすすめなのが株式市場で注目されている「流行銘柄」。その中でも、上昇余地が残っている銘柄を選びます。

投資に慣れて、資金が増えてきたら、「分散投資」でリスクを減らします。長期投資と短期投資で分けたり、業界を分けたり、投資先をどう分散させるかは、目的によって異なります。

そのときの流行のテーマは絶えず変化しますから、短期投資視点が多いでしょう。反面、景気動向に影響を受けづらい株は長期視点と考えて分散しましょう。

資産を増やす3ステップ

※目標金額は目安です。

STEP 3

分散投資で安定運用

増えた資産を投入して、長期にわたった株価上昇が期待できる銘柄を複数保有する。10年以上のチャートを見て、企業の安定度を調べよう。保有する銘柄は業界やテーマを分散して選び、安定した資産運用を狙おう。

目標

50万円▶▶100万円

STEP 2

流行のテーマで一気に増やす

株には流行のテーマがある。医療や巣ごもり需要、半導体、AI、ドローン、車の自動運転技術、ロボットなどその時々によって変わる。数日～数カ月といった短期間で大幅に値上がりする銘柄も少なくない。

目標

20万円▶▶50万円

STEP 1

小額で投資に慣れる

最初は有望な銘柄の選び方や売買のルールもよくわからないはず。まずは小額から始めて株式投資に慣れよう。最初は「つみたてNISA」だけでも、値動きやチャートに慣れることができる。

目標

10万円▶▶20万円

まずは小額で買える株で投資に慣れよう

どんな株が少額でも買える？

株式投資に慣れていないうちは、有望な銘柄の選び方と言われてもピンとこないと思います。まず、小額で買える銘柄で投資に慣れることが大切です。

小額と言っても、資金が少ないと買える銘柄は限られます。個別銘柄ならまずは10万円くらい用意したほうがいいでしょう。なかには１００円以下など、安い銘柄もありますが、業績不振や倒産の可能性が株価に表れていることもあるので要注意です。

一部の証券会社では１株から買える「単元未満株」もあり、１単元（１００株）買うのには躊躇してしまう大企業の株でも少ない資金で手に入れられます。大企業の株は値動きも安定していることが多いので、リスクが抑えられる一方、利益は少なくなります。

また、ＥＴＦやＲＥＩＴなら数万円で買えるものも多数あるので選択肢も広がり、かつチャートや売買に慣れることもできるのでおすすめです。

どんな株が少額でも買える?

株価の安い銘柄

株価500円以下の銘柄なら、1単元(100株)買っても5万円程度で買える。ただしこうした銘柄は市場で注目されていないこともあり、買いたくても買えない、いざ買っても売りたいときに誰も買ってくれず売れなくなることもあるので注意が必要。

**安くても
取引されている
株を
選ぶこと!**

単元未満株

株は1単元(100株)で買う必要があるが、SBI証券や楽天証券など一部証券会社では1株など少数で買える「単元未満株」の取引ができる。これなら株価が高い大企業でも、株主になれる!

ETF

ETF(上場投資信託)は1〜10株から買えるものも多く、小額投資にも向いている。取引所の運営時間中ならリアルタイムで値動きして売買もできるので、初心者の練習にもバッチリ。

「流行のテーマ」に敏感になろう

流行銘柄で資金を増やす

株式市場には、そのときどきで多くの投資家が注目する「テーマ」があります。たとえば、ずっと低迷してきた業界が復活して活況を呈してきたら、その関連銘柄にも注目が集まります。

また、新たに急成長する業種や業態が出てきたり、あるいはまったく新しい技術が生み出されたといったことが、流行のテーマになります。たとえばコロナ禍では、「医療関連」や「巣ごもり需要」が流行しました。

ただし気を付けたいのは売買のタイミング。流行中はあっという間に値上がりし、流行が終わると急落することもあるからです。また流行中の銘柄は上がりきっていることもあるので、買うときは慎重に選ぶ必要があります。企業や業界の成長余地をしっかり見ましょう。評価が出遅れている銘柄を狙っていくのも良い方法です。

流行銘柄には同じテーマで複数の銘柄がありますが、初心者には「シンボル」となっている代表的な銘柄がおすすめです。

流行銘柄とは？

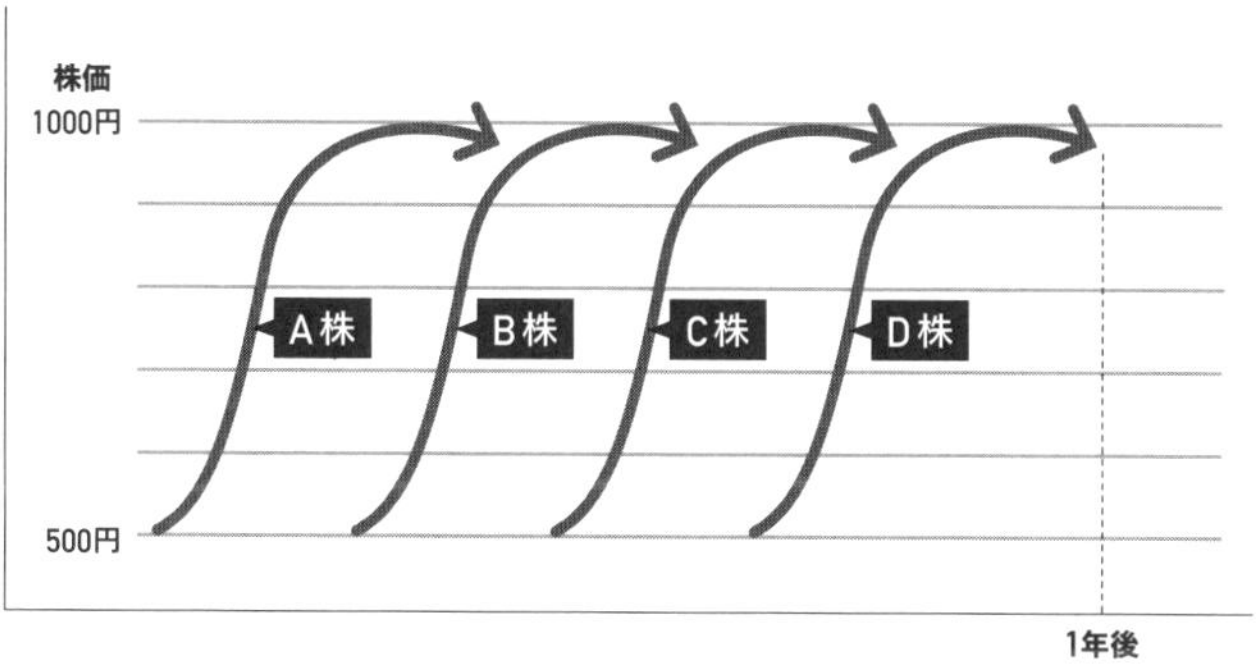

Check!

流行銘柄は次々と移り変わっていく

流行銘柄とは株式市場で人気を集める「テーマ」に関連した銘柄のこと。テーマの流行が始まると、最前線の企業の株がまず買われ、二番手以降の企業や関連する銘柄が次々に買われていく。また、流行が一段落しても、新たな流行が始まるので、「流行」をいち早く察知することが大切だ。

▶こんなところで“流行”をつかもう

現在流行中や流行に火がつきつつある銘柄は、証券会社の「出来高」や「売買代金」の「業種別ランキング」で調べることができる。「人気テーマランキング」を公開してる投資情報サイトも多い。ランキング上位は絶賛流行中、中位から下位には次に来る銘柄や、流行が終わりつつある銘柄の可能性がある。日経新聞やブルームバーグなどの経済情報紙で関連情報を調べてみよう。

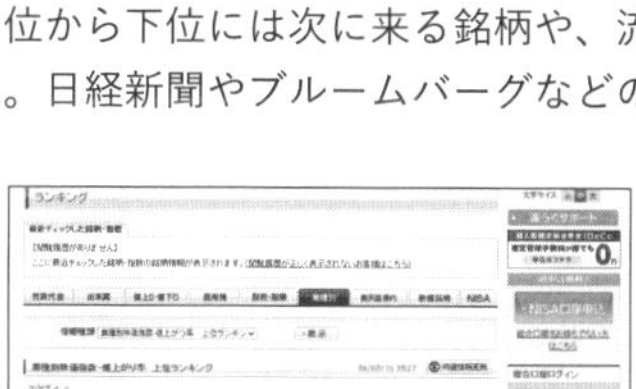

参照：「楽天証券」マーケット情報　業種別ランキング　https://www.rakuten-sec.co.jp/web/market/ranking/sector.html

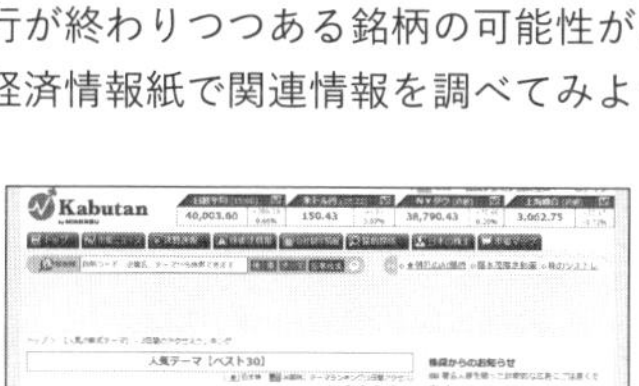

参照：「株探（かぶたん）」人気テーマ「ベスト30」 https://kabutan.jp/info/accessranking/3_2

分散投資で賢くガッチリ運用しよう

分散させればリスクが激減

投資に慣れて資金に余裕が出てきたら、いよいよ本格的に分散投資を始めましょう。分散投資の一番の目的はリスクヘッジです。たとえば投資先を5分割すれば、1つが暴落しても資産の80％は守れます。

分散投資でやってはいけないこと

注意したいのは**①業種を偏らせない、②金額も分散する、③銘柄を増やしすぎない**です。同一業種は似たような動きをすることがあります。たとえば分散投資のつもりで、外食産業5社の株を買ったとします。原材料価格の高騰やコロナ禍のようなことがあると業界全体が一斉に冷え込み、全体の株価が下落する危険があります。また、1銘柄に9割の資金を集中させてしまっては分散になりません。あとは、保有する銘柄数を増やしすぎると、値動きを追うのも大変です。徐々に数を増やして、自分が管理しやすい数をみつけてください。外国株式や外貨など、海外が対象のETFは分散投資におすすめです。

投資先を賢く分散させるコツ

▶ 業界が偏りすぎて分散にならない

食品A社
（内需）

食品B社
（内需）

食品C社
（内需）

▶ バランスよく分散できている

半導体
A社
（最先端技術）

エネルギー
B社
（内需）

自動車
メーカーC社
（輸出など）

▶ 投資対象を分散させるのもOK！

日本株
（50％）

金（ゴールド）など
商品ETF
（20％）

複数国の外貨ETF
（30％）

資金を守る鉄則「損切り（ロスカット）」

「損切り」は資産を増やす礎

株式投資において、有望銘柄を探すのと同じくらい大切なのが、損切り（ロスカット）です。値下がりした株を売却することですが、自分の意志で損失を確定させなければいけないので、精神的ハードルが高いのです。

せっかく買った銘柄でも、そう簡単に希望通りは値上がりしないものです。そのため、あらかじめ「ここまで値下がりしたら損切りする」とルールを決めておきましょう。最悪でも15％値下がりしたら切ることをおすすめします。損失を拡大させると、失った分を取り返すのが大変になります。**損は小さく、利益は大きく**を目指しましょう。

でも人の心は弱いもの。「もしかして5分後に反転上昇するかも」「せめて昨日の水準にまで戻ってほしい…」などとダラダラもち続けて、損失を拡大させてしまうことはよくある話です。それを避けるために、株を買ったときに**15％下がったら売却するように「逆指値」を入れておく**のが有効です。

早めの損切りが大切なワケ

1000円の銘柄を100株購入　資金 **10万円**

ダラダラ持ち続けて損失が拡大したら…	早めに損切りができていれば…

6万円しかない！
買える株が
少ない…
残った
9万円の資金で
次の株を
買おう！

Check!

自動損切りシステム

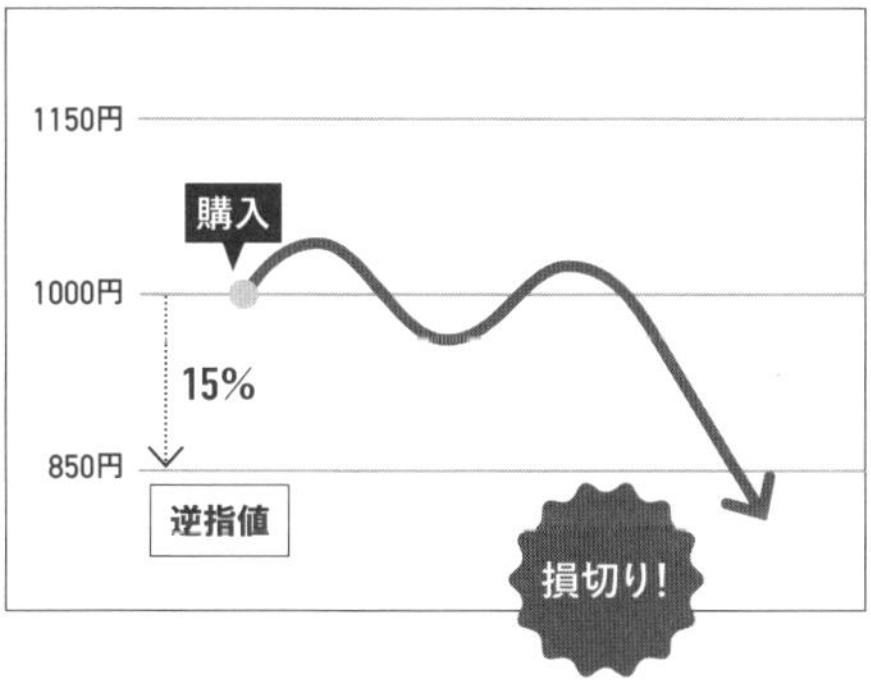

1150円

買った株価から15%下がった値で逆指値

「15％下がったら損切り」と決めていても、いざ下がってみると「もう少し粘ってみよう」となりかねない。買った時点で逆指値を入れておけば、自動で損切りできる。

850円

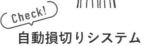

株初心者の強い味方、投資信託とは

銘柄を選べないなら、投資信託

証券会社グループに上場している銘柄は約４０００もあります。その中から値上がりする銘柄を探すとなると大変です。しかも限られた資金の中で選ぶわけです。

そこでおすすめなのが、投資信託（ファンド）です。投資信託は大勢の投資家から資金を集めて、投資の専門家が運用します。たとえば日経平均株価に投資したいと思ったら、日経平均連動型投信を買えば良いのです。

上場投資信託でアクティブな取引

日経平均株価やアメリカのダウ平均株価などの「指数」に連携する運用を目指す商品、ＲＥＩＴという不動産に投資する商品、新興国株式連動型、それぞれリスクもリターンも変わります。

投資信託の売買は１日１回、価格は基準値で決まりますが、ＥＴＦは価格はリアルタイムで変動し、個別銘柄と同じように売買できます。分散投資もしやすく、ＥＴＦは初心者にもおすすめです。

投資信託とは…

投資家から集めた資金を「投資のプロ」が運用！

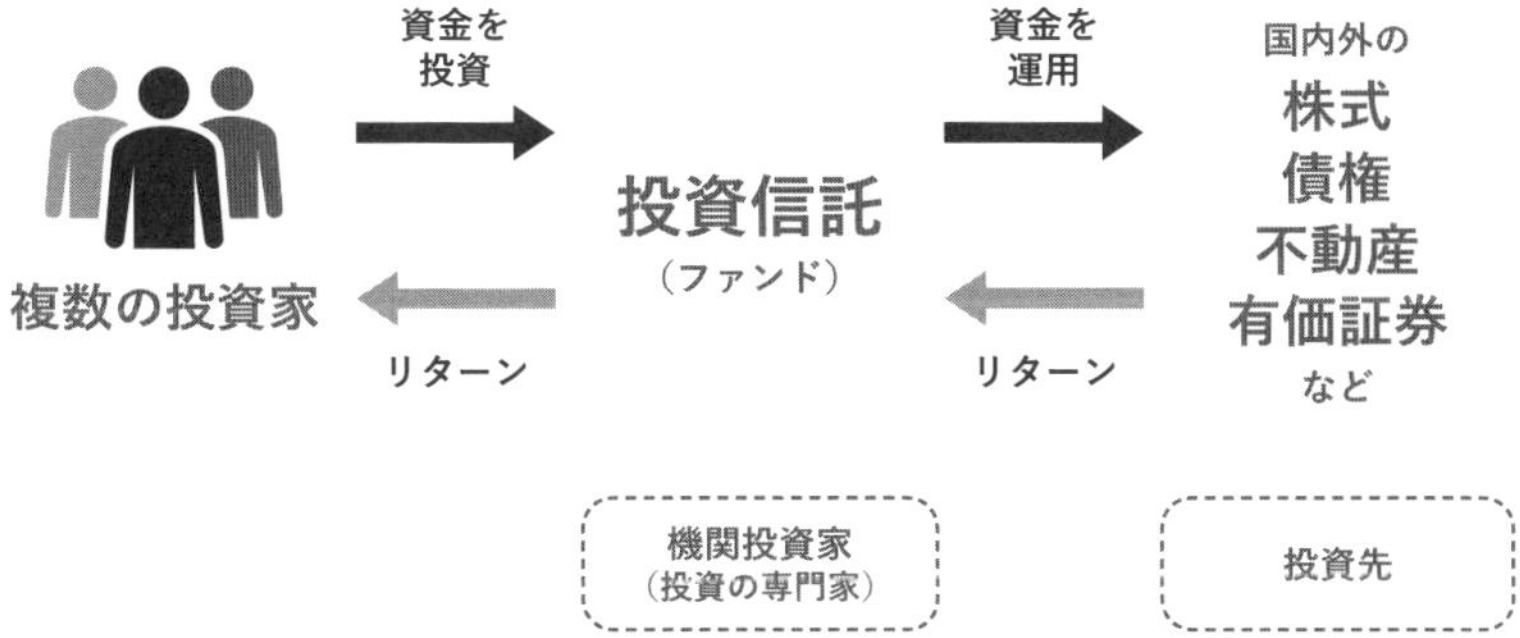

▶ 投資対象を分散させるのもOK！

投資家から資金を募り、まとまった資金を専門家が情報収集、分析、銘柄選択をおこなって運用する。運用成果によって分配金（リターン）が得られる。ただし信託報酬や手数料を払う必要があり、元本割れの可能性もある。

▶ 小額投資が可能

株や債券などに投資するにはまとまった資金が必要だが、投資信託なら小額から投資が可能。リスクとリターンを考慮した分散投資もしやすい。信託報酬や手数料は金融商品によって異なる。

▶ 多岐にわたったテーマの商品がある

機関投資家はテーマに沿った運用をする。「日経平均連動」「金（ゴールド）」などの指数や価格に連動した商品や、「新興国株式」「不動産」などのアクティブ型の商品など多岐にわたっており、リスクとリターンが大きく変わる。

▶ ETFなら短期トレードも可能

ETFとは上場投資信託のこと。投資信託と異なり、取引所の運営時間内なら投資家の判断で個別株と同じように取引可能。

投資信託、リスク&リターンをチェック！

お目当ての投資信託に投資しよう

ＥＴＦ（上場投資信託）は投資信託（ファンド）ではあるのですが、投資信託と大きく違うのは、リアルタイムで価格が変動し、1日に何度も売買できる点です。

ローリスクのものからハイリスク・ハイリターンのものまで、たくさんのファンドがあります。中国を抜く勢いで急成長している「インド株式」などは、面白いですよ。

なお証券会社によって取り扱っているファンドが異なる点に注意しましょう。

▶ETFと投資信託の違い

ETF		投資信託
株と同様	**取引時間**	1日1回
リアルタイムで変動	**価格変動**	1日1回（基準価格）
指値または成行	**注文方法**	基準価格
各証券会社	**取り扱い会社**	証券会社、銀行など商品ごとに異なる
株取引と同様	**販売手数料**	商品ごとに異なる
信託報酬（非上場の投資信託より一般的に低め）	**保有コスト**	信託報酬、信託財産留保額など

▶投資信託にはこんな種類がある（一例）

日本国債	日本国債権のファンド。基本的に元本保証だが利回りは低い。
外国国債	米国はじめ、様々な国の国債のファンド。日本国債よりは利回りは高いが、円建てではないので為替の値動きにより元本割れの可能性もある。
日経平均株価連動	日経平均株価と同様の値動きをする。日経平均採用225銘柄を分割して買うイメージ。
日経平均レバレッジ(ブル)型	日経平均株価が100円動けば200円動くという、2倍の値動きをするファンド。リターンは大きいが、リスクも2倍。
日経平均インバース(ベア)型	日経平均株価と反対の動きをするファンド。下降トレンドのときに有用。
米国株式	アメリカ株に投資するファンド。ダウ平均などの指数型と、企業や業界に投資するファンドがある。
インド株式	インドの株式に投資するファンド。インドはIT業界の成長が著しいので注目度が高まっている。
新興国株式	新興国の株式に投資する。リターンは多めだが、ミドル〜ハイリスク。購入を検討するなら実績とともに長期のチャートを見て確認すること。
J-REIT	日本の不動産に投資できる。ファンドによってマンション、商業施設、複合など投資対象は様々。
海外REIT	米国、ヨーロッパ、中国、インドなど様々な国の不動産に投資するファンド。投資対象はファンドによって異なる。
その他	ほかにもファンドは金相場、原油など先物、中国（上海）株など様々。証券会社や銀行などによって取り扱うファンド商品が異なるので、特にNISA口座とiDeCoの口座を開設するときは注意しよう。

新NISA、投資信託のうまい運用方法

入れ替えも考えよう

新NISAの魅力は何と言っても運用益が非課税になること。分配金があり、価格変動もあるファンドでも、NISAを活用すれば利益は大きくなります。

つみたて投資枠でも成長投資枠でも長期保有できるミドルリスク・ミドルリターンのものがおすすめです。2024年4月現在、安定して成長している日経平均株価連動やダウ平均株価連動のインデックスファンドは長期保有に期待が持てます。全世界株式（オール・カントリー）は世界全体の株を分散投資しているので、これ自体が分散投資とも言えます。完全ほったらかしではなく、リスクとリターンを見ながら、適時入れ替えも検討してください。

とくに成長投資枠ではややリスクの高いものを中長期で持ちながら、定期的に入れ替えを検討していく、が良いのではないでしょうか。ただしNISAで避けたいのが損切りです。短期間の保有で損切りしなければならないと、その年の非課税枠がムダになってしまうからです。

成長投資枠とつみたて投資枠の使い分け

つみたて枠はほったらかし、成長投資枠は大きな値動きを狙う。

成長枠は…

年間240万円

成長著しいETFなどミドルリスクを積極的にとって、大きなボラティリティ（値動き）を狙っていく。

中長期で入れ替えていく作戦

例
- **インド株式連動**
- **原油や金など商品連動**
- **米新興国成長株式**

つみたて枠は…

年間120万円

リスクが低めで、たとえ一時下落してもまた上昇していく長期右肩上がり銘柄を着実につみたてていく。

長期保有でほぼ入れ替えなし作戦

例
- **日経平均連動**
- **TOPIX連動**
- **米国ダウ平均連動**
- **全世界株式対象**

注文を出すときに必要なこと

- □ 運用手数料を確認してコストを把握する
- □ ETFは売買代金の多い取引量があるものを選ぶ
- □ ロスカットは枠のムダ使い！危ない投信は避ける

投資がうまい人、投資が下手な人

投資がうまい人は情報収集がうまい

４０００近くもある銘柄から株価が上がる銘柄を見つけ出すのは、やみくもに探していては大変です。有望な銘柄を絞り込むためには、情報が大切になってきます。

投資家から注目されていなければ、その銘柄の株価は上がりません。注目されている無料で手に入る情報だけでは、有料の情報を買っている人との間に、絶対的に差がつきます。有料の情報と言っても、ネットで出回っているような情報商材を買ったりするわけではありません。

たとえば、投資家必携なのは東洋経済新報社が年に4回出している『会社四季報』です。業績や財務状況など株式投資に必要不可欠な情報が載っていて、アナリストによる分析や特集も読みごたえがあります。

また、チャートも読み方を覚えれば、様々な情報が手に入ります。チャートは覚えることが多いので、最初はとっつきにくいかもしれませんが、慣れてしまえばとても便利で面白いものです。

投資がうまい人は 見ている情報が全く違う

うまい人		下手な人
会社四季報で5つのポイントをおさえる。 会社情報がぎっしり詰まったなかから、多くの投資家が注目し、売買の参考にしている複数の情報を必ずチェック。	『会社四季報』の見方	● 気になっている銘柄の今期の業績しか見ない。 ● 儲かっている会社＝株高になるとしか考えず、見るのは業績だけ。視点が狭く、真の実力を見抜けない。
チャートをしっかり見て動きを予想する 日足だけでなく月足、週足、というように幅広い時間軸でチャートを観察して、いまの水準、今後の方向性を探っていく。	『チャート』の見方	● 現在の値動きしか見ない。 ● 日足だけ、時間足だけというように、近視眼的にチャートを見るので、正確なトレンドをつかむことができない。
XなどSNSでアナリストや個人投資家の生の情報も見逃さない。 エネルギーや輸出業など幅広い業種に影響を与える為替情報も必ずチェック。	『情報』の見方	● 長期投資のつもりなのにヘッドラインや値動き情報など短期的な情報で買う。 ● 業績改善のニュースで「株価が上がる！」と短絡的に買ってしまう。保有銘柄の業態すら知らないことも！

投資がうまい人の儲けのネタ元とは

専門家の分析をチェックしよう

結局のところ株式投資というのは、上昇しそうな銘柄を買い、株価が上がれば売ればいいのですから、そうした銘柄をうまく探し出すことが大事になります。

たくさんの投資家から注目を集め「業績が上がるかも」「他の投資家が買うかも」と思われた銘柄が活発に売買されて株価が上がります。つまり「投資家が情報源としている場所」を見ることが、投資家が注目する銘柄、注目するテーマを見つけ出すことにつながります。

情報源は新聞やヘッドラインニュースでもいいのですが、そこからさらに踏み込んだ情報が欲しいところ。おすすめなのが、専門知識を持ったアナリストがニュースに対して独自の視点で分析を加えたレポートです。

アナリストレポートは広く公開されているものもあれば、証券会社に口座を作ることで読めるものもあります。日経新聞や『会社四季報』、様々な金融ニュースサイトのコラムも多くの投資家が読んでいます。

うまい人はココで情報を集める！

金融ニュースサイトのコラム

「ブルームバーグ」や各証券会社のサイト、「株探」や「みんかぶ」など、様々なサイトで、たくさんのコラムが掲載されている。国内外の情報が網羅されているので、お気に入りのサイトを見つけ出そう。

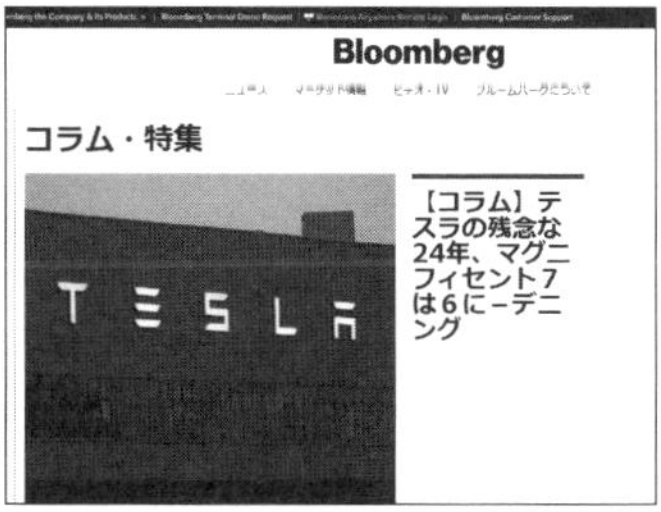

「ブルームバーグ」
https://www.bloomberg.co.jp/news/commentary

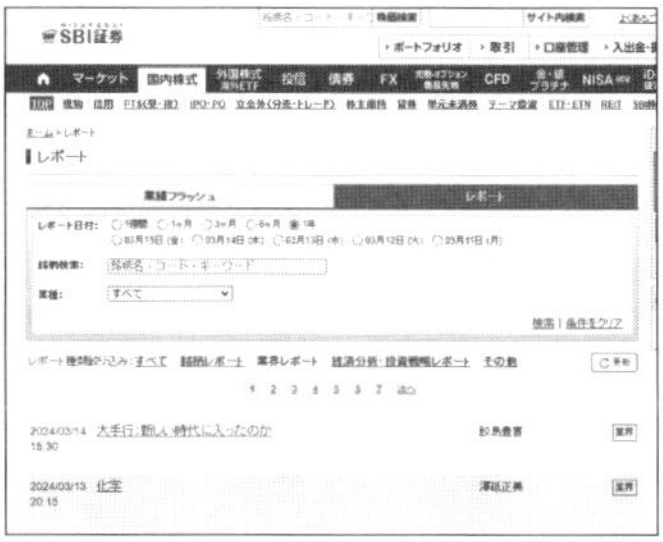

「SBI証券　アナリストレポート」
https://site1.sbisec.co.jp/ETGate/

証券会社のアナリスト分析

証券会社に取引口座を開設すると、アナリストによるレポートを読むことができる。専門知識を持つアナリストの分析からは、多角的な情報が得られる。

なんといっても「会社四季報」は必須！

投資家にはおなじみの『会社四季報』。年4回発行されているが、Webの「会社四季報オンライン」有料版では紙版と同じ情報に加え、速報記事や独自のスクリーニング機能などが使える。

『会社四季報オンライン』https://shikiho.toyokeizai.net/

『会社四季報』投資家の読み方

銘柄の業績が一目瞭然

『会社四季報』はたくさんの情報が載っていて、どこを見ればいいのか迷ってしまいます。まずはここに挙げた5つを押さえておきましょう。会社の特徴や問題点などを精査する情報が含まれているので、しっかり読んでください。

　また「業態」は重要。業績に関する情報がコンパクトにまとめられています。今期、来期、来々期の成長の見通しは？　配当実績も見逃せません。

5つの情報をチェック

たくさんある情報のなかから、最低限ここだけはおさえよう!

業態をみる

▶ どんな会社かわかる

主力事業や連結事業など、会社の特色に触れているので、「何をして儲けている会社か」ということがわかる。ハッキリしないなら投資対象として不適格。

業績を見る

▶ 最近の業績の変化と株主人気がわかる

連結ベースの業績が昨年、一昨年よりも伸びているか、今期の見通しは成長性があるかを見る。配当性向も要確認。復配、増配は株主還元姿勢が強いと好感。株主還元は最近の投資における重要なテーマとなっている。

自己資本を見る

▶ 倒産・買収リスクがわかる

自己資本、および自己資本比率が明記されている。基準となる40%以上かどうかをチェック。以下なら倒産・買収リスクが高いということ。反対に自己資本比率が60%以上なら、かなり健全と考えていい。

ROEを見る

▶ 収益性と株主還元率がわかる

ROEが明記されている欄。10%以上が一般的な基準で、20%以上なら、相当収益性が高い企業だということになる。業績も堅調なので、投資対象として魅力的。ROEを重視する投資家は増えているので必ず見ること。

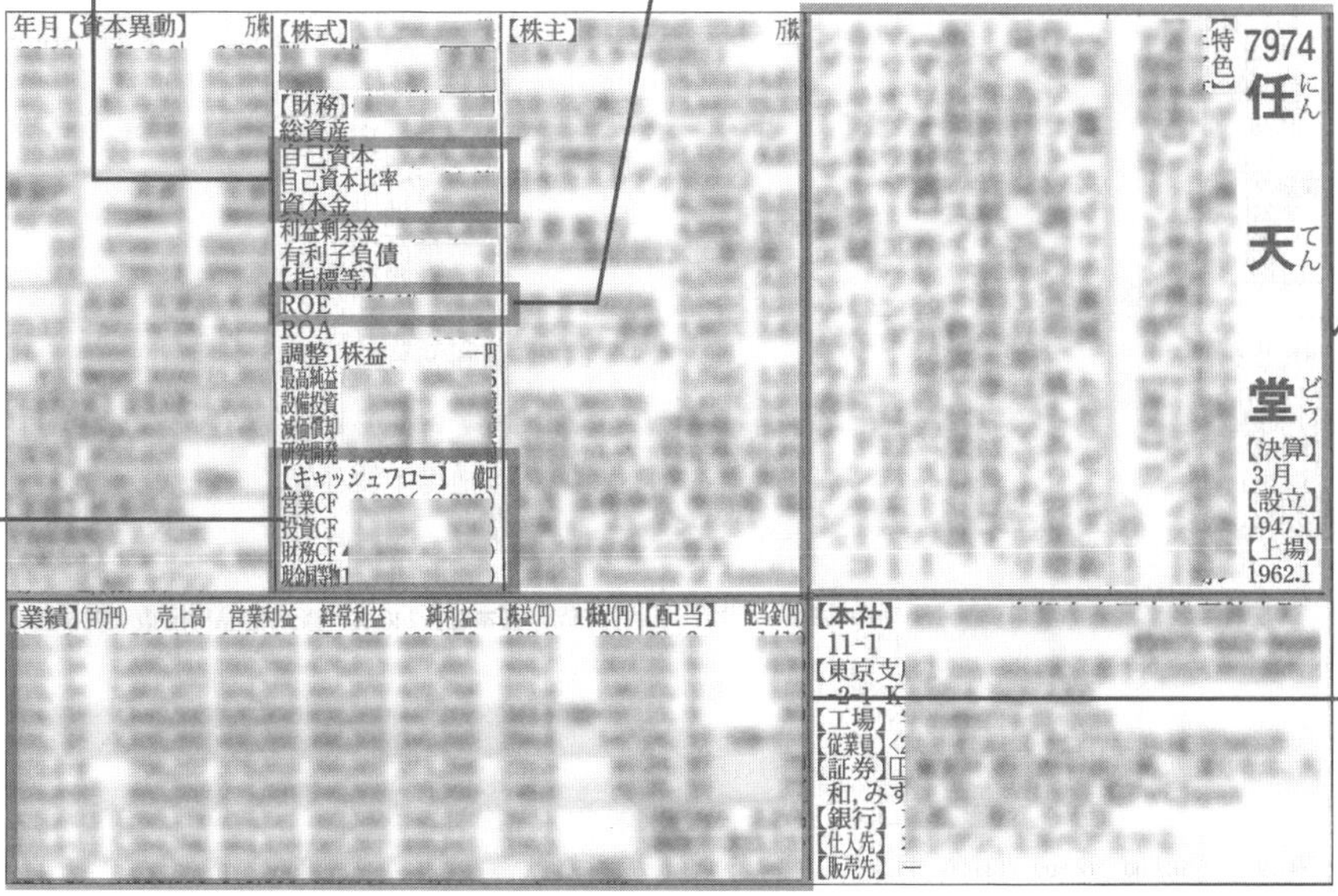

※画像処理は編集部によるもの

キャッシュフローを見る

▶ 本業で儲かっているかわかる

なかでも重要なのは、本業の儲け度合いを示す、営業キャッシュフローの欄。ここがプラスだということは、主力ビジネスで利益を得ているということなので、投資対象とみなすことができる。マイナスなら不適格。

〝割安な株〟を見つけるのが稼ぐ近道

株が割安ってどういう状態？

株式投資を始めると、よく目にするようになるのが「割安」という言葉。これは企業の業績などに対して、株価が安いということです。割安度を見る数値でよく使われるのが「ＰＥＲ」と「ＰＢＲ」です。

まずはＰＥＲについて説明しますが、これは株価収益率のこと。企業の株価が1株あたりの純利益の何倍になっているのかで計算されます。ＰＥＲが低い方が、「儲けるのが上手いのに株価に反映されていない」ということなので、割安な銘柄とされます。

一応の目安は20倍以下と言われますが、絶対的な数値ではありません。ＰＥＲもＰＢＲも業種や業態によっても割安とされる数値が変わりますので、同業他社と比べて割安かどうかという目安にするのがいいでしょう。

割安か割高か判断をする1つの目安になるのがこのＰＥＲですが、絶対ではありません。その点を念頭に置いて、株のスクリーニングに使います。

PERとは？

株価収益率のこと。1株あたりの純利益に対して、株価がいくらなのか（何倍なのか）で計算される。一応の目安は20倍以下が割安と言われる。

株価 ÷ 1株あたり純利益（EPS） ＝ PER (Price Earnings Ratio)

儲けるのがうまいかわかる

同じEPSでも…

A社

株価 500円 ÷ EPS 100円 → PER 5倍

割安！

（比べて）

B社

株価 2000円 ÷ EPS 100円 → PER 20倍

割高！

投資家が重視するPBRって何？

PBR1倍以下は価値向上期待株

　株の割安度を測る指数にはPBR（株価純資産倍率）もあります。企業の資産に対して株価が適正かという目安ですが、近年、注目度が増しています。PBRが1倍以下ということは、企業価値（株価）が純資産より少ないということ。仮に会社が解散したとして、資産を分けるときに株主に分配される資産であるため「解散価値」とも言われます。1倍以下なら、株を売って得られるよりも、分配されたほうが多くのお金が手に入るということになります。

　2023年の時点でPBRが1倍以下の企業はプライム、スタンダード、グロースの3つの市場で1800社くらいあって、東京証券取引所は改善をうながしました。改善とは、株主還元などによって株価が上がるようにすることです。自社株買いをしたり、増配や復配をしたり、と株主還元を発表するなどで改善します。改善に取り組んだ企業は株価が上がったのですが、PBRが1倍以下の企業はまだまだたくさんあるので、注目されているというわけです。

PBRとは？

株価純資産倍率のこと。株価×発行株数が純資産より少ないと1倍以下で、「企業の持つ純資産より企業価値（株価）が低い」ということになる。

株価
―――――
1株あたり
純資産（BPS）

＝ PBR
（Price Book-Value Ratio）

株価と企業価値のバランスがわかる

同じBPSでも…

	A社	B社
株価	500円	2000円
BPS	500円	500円
PBR	1倍	4倍

割安！（比べて）割高！

外国人投資家が重視するＲＯＥとは

投資する価値があるか

投資家が重視している指標にはＲＯＥ（自己資本利益率）もあります。これは企業の投資効率を測る指標で、自己資本に対して、どれだけ利益があったかで計算します。自己資本とは株主資本のことですので、投資したお金でいかにうまく稼いでくれたのかがわかり、外国人投資家も重視しているので、高ＲＯＥの銘柄は株価が上がりやすいのです。

目安は10％以上と言われています。たとえば１００億円を投資したとして、そのお金で10億円を稼いでくれれば、投資した甲斐がある、投資するだけの価値があるというわけですね。自社株買いが行われると自己資本比率が下がり、株価は上がり、ＲＯＥが向上します。

一方、経営危機などで株価が異常に安くなり自己資本が減少した状態だと、経営的によろしくない状態なのにＲＯＥは高くなります。前年度のＲＯＥと見比べたり、『会社四季報』などのアナリスト分析をチェックしたりしましょう。

ROEとは？

ROEとは自己資本利益率のことで、自己資本でどれだけ稼いだかの数値。ROEが優良な企業は投資した金額に見合った利益を稼いでいるとみなされるので投資家は重視する。

$$\frac{\text{当期純利益}}{\text{自己資本}\times 100} = \text{ROE}$$

（Return On Equity）

効率良く経営
しているかわかる

同じ利益 1億円でも…

A社

ROE
10%

自己資本
10億円

純利益
1億円

B社

ROE
2.5%

自己資本
40億円

純利益
1億円

A社の方が効率よく稼いでいる！
ただし負債にも注意!!

column

ROE良好でも借金まみれかも…

ROEだけを重視してはいけない

ＲＯＥは外国人も注目する指標ですが、「自己資本比率」には借金は含まれません。借金が少なく株価が高いＡ社と、借金が多く株価が低いＢ社が同じ15億円で同じく1億円の利益をあげた場合、経営効率的には前者が良いかもしれませんが、ＲＯＥはＢ社の方が良くなります。

　ただし金融やホテル経営など、負債を前提としたビジネスモデルもたくさんあり、「負債＝悪」と短絡的に考えてしまうのも注意が必要です。そのためＲＯＥでは、業界水準を調べたり、負債も含めた利益率ＲＯＡ（総資産利益率）もチェックしたりしましょう。

自己資本比率をチェックしよう

たとえば同じ15億円を使って、1億円の利益を挙げたＡ社とＢ社を比べて、ＲＯＥだけを見ると、負債が多いＢ社の方が高評価になる。

同じ利益1億円でも負債が多いと…

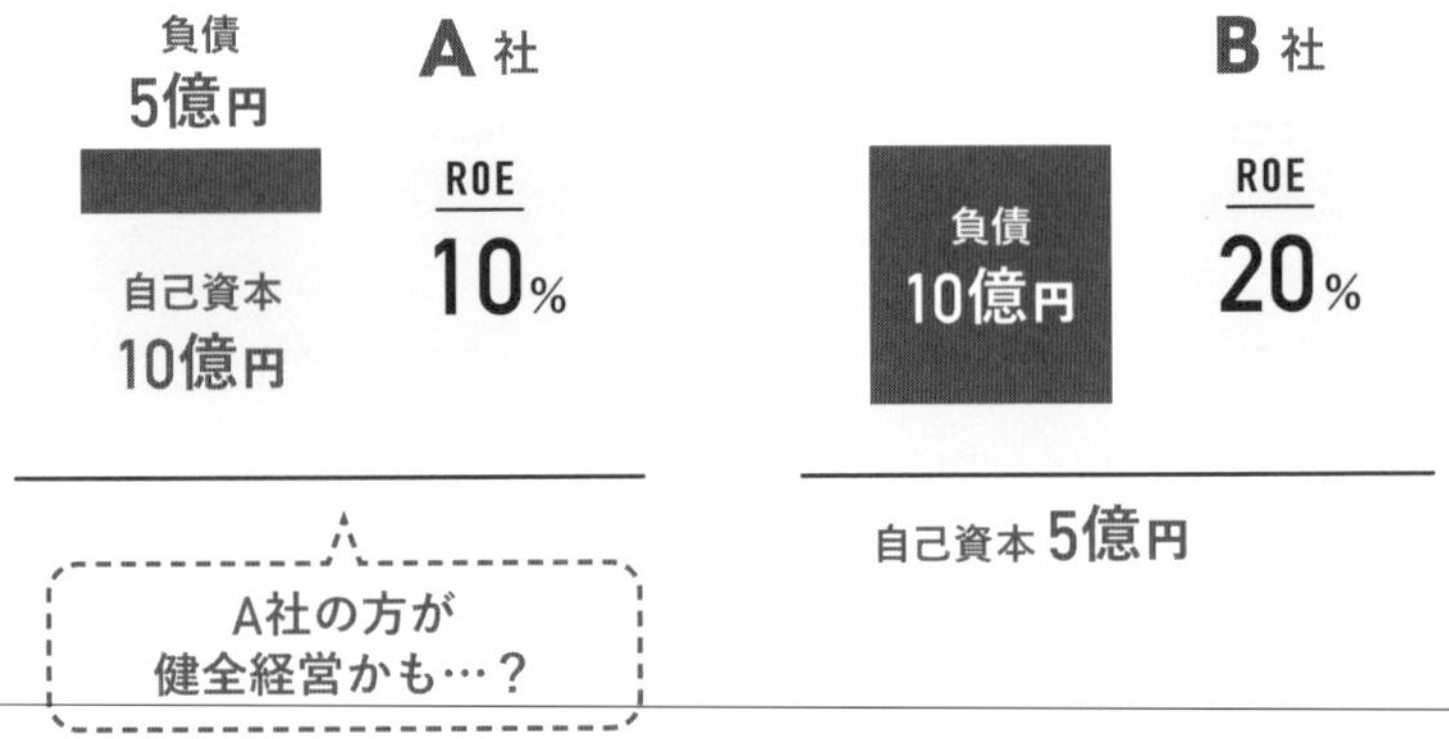

第4章

儲かる株を見つけ出すコツ

プライム、スタンダード、グロースの違い

証券取引所3つの市場

株式市場はプライム、スタンダード、グロースと3つの市場に分かれています。それぞれの性格や特徴は左に挙げましたが、プライム市場に上場するためには時価総額や収益基盤などで厳しい条件をクリアする必行があります。スタンダード市場はプライムよりは条件は緩やか、グロース市場はスタンダードよりも条件が緩やかです。

気を付けたいのが、スタンダード市場の銘柄は価格変動率が高いものが少なくないこと。グロース市場はベンチャー企業など比較的新しい企業の銘柄が多く、株価も乱高下することがあります。

一方でプライム市場には大型株と呼ばれる時価総額、発行株数、売買代金などが多い銘柄がたくさんあります。プライム市場に上場している企業は一般的に、安定した経営基盤を持ちたくさんの株主に支えられていて株価の変動も激しくない銘柄が多く、投資に**慣れていないうちはプライム市場上場銘柄に限定しても良いでしょう。**

▶株式市場は3種類ある！

	プライム市場	スタンダード市場	グロース市場
上場会社数	1,651	1,610	578
時価総額	100億円以上	10億円以上	5億円以上
流通株式比率	35％以上	25％以上	25％以上
収益基盤	直近2年の利益合計が25億円以上など	直近1年の利益が1億円以上	数値基準なし
特徴	国内外で活躍する、日本をけん引するような有名企業が数多く上場している。主に大型株。上場維持のために厳しい基準が設定されている。3つの中では最も安定性がある。	基本的にプライムに次ぐ規模の企業が上場している。中型株が主だが、大型株もある。一般的に、プライムよりは値動きが激しい傾向がある。	ベンチャー企業など、高い成長性が期待される企業が比較的多い。大化けして急騰する銘柄がある一方、上場時が最高値でその後低迷する「上場ゴール」といわれる銘柄もある。

※上場数は2024年4月4日現在

▶3つの種類に分けると

	大型株	中型株	小型株
時価総額	1～100位	101～500位	それ以下
発行株数	2億株以上	6000万株以上 2億未満	それ以下
株価変動率	比較的安定	高い	激しい

	値がさ株	中位株	低位株
1単元目安	300万円以上	100万～300万円	100万円以下

誰が日本株を買っているのか

こんな人たちが日本株を売買する

日本で上場されている株を買っているは、大きく分けて**企業、機関投資家、外国人機関投資家、個人投資家**です。企業とは主に自社株買いです。機関投資家は投資家などから資金を集め、専門家が運用します。日本の機関投資家で有名なのが、年金を運用しているGPIF（年金積立金管理運用独立行政法人）、国家公務員共済・地方公務員共済・私学共済の三共済、ゆうちょ銀行、かんぽ生命で、それぞれ莫大な金額で日本株を運用しています。これに日銀を加えて「五頭の鯨」と呼ばれたりもします。

外国人機関投資家は、アメリカやEU、アラブ諸国、中国、アジア諸国など本当に広い国々の機関投資家です。莫大な資金を運用しているので、株価にも大きな影響があり、日本の株式市場を動かす巨大な存在です。個人投資家は日本ならびに外国人機関投資家とは扱う額が異なりますので、こうした機関投資家の動向をチェックすることで彼らの動きに乗って買うのも1つの考え方です。

日本株を買っている人たち

外国人

外国人とは、主に機関投資家のこと。個人ではできないほどの巨額の資金を動かし、相場に大きな影響を与える。円安の場合、円建てで売買される日本株はより割安になるので、さらに買われる傾向に！

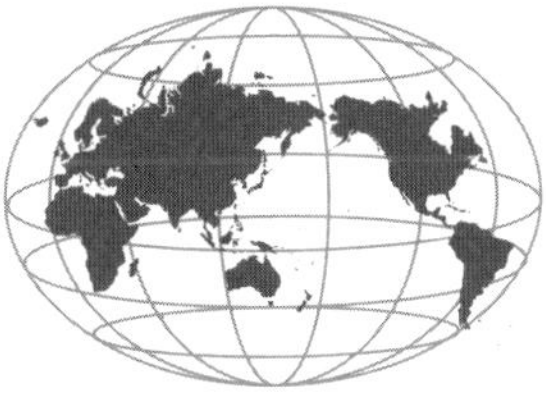

日本の機関投資家

個人や企業から資金を集めて運用する日本の機関投資家。とくに日銀、GPIF（年金基金の管理運用法人）、三共済（国家公務員共済、地方公務員共済、私学共済）、ゆうちょ銀行、かんぽ生命などは巨額の資金を投じている。

企業

主に「自社株買い」のこと。発行株式数が減って株価が上がり、PERやROEも改善するので投資家からは喜ばれる。そのため、企業が自社株買いを発表した時点で値が上がることが多い。

個人投資家

個人の資金を運用する投資家。運用している資金や株数は最も少なく、一人ひとりには株価を動かすほどの影響力はない。ただし人数比率は9割以上と最も多い。

日本株を動かす外国人投資家

外国人投資家の動きに要注目

東京証券取引所などが発表した2023年度「株式分布状況調査」では、外国人の日本株保有率は30・1%だったそうです。為替が円安だと、外国人にすれば日本の株が割安になるので、日本株を買いやすいのです。だから日本の株式市場では、外国人投資家がどんな株を好んで買っているのか、そして売却しているのか、動向をチェックすることはとても大切です。

外国人がどんな株を買っているのかは、適時公表される「大量保有報告書」で見ることができます。日本には5%ルールと呼ばれる、上場している発行株数の5%超を保有することになった株主が保有から5日以内に財務局に提出しなければいけないという法律があります。これに基づき大口の投資家は保有株が5%を超えたところで申告します。その公示された情報を見て、買った銘柄や数量等を把握することが可能です。また毎週公表される「投資部門別売買動向」で前週は外国人がどれだけ日本株を買ったか（売ったか）判断できます。

外国人が保有した株の調べ方

外国人保有比率ランキングを見る

東洋経済新報社『四季報オンライン』のスクリーニング機能で「外国人保有率」のランキングがわかる。ただし有料会員向けのサービス。

投資部門別売買動向

証券会社グループが発表している「投資部門別売買動向」では外国人機関投資家がどれくらい日本株を売買したのか、株数と金額を発表している。買いが多いのか売りが多いのか、動向をチェックできる。

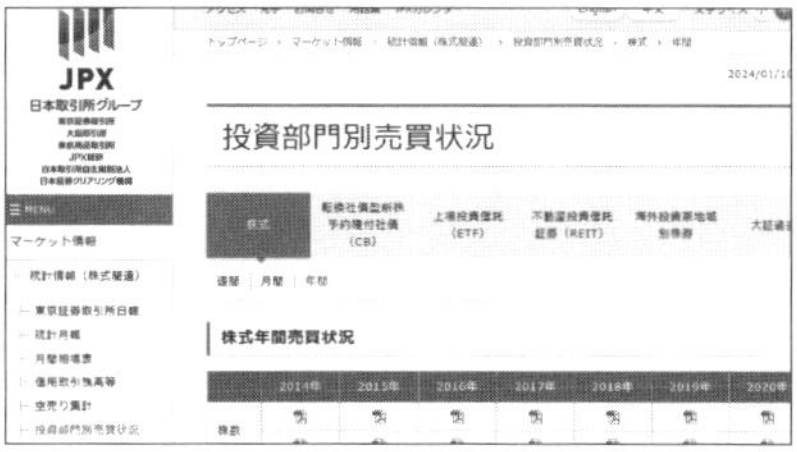

▶「5%ルール」大量保有報告書とは？

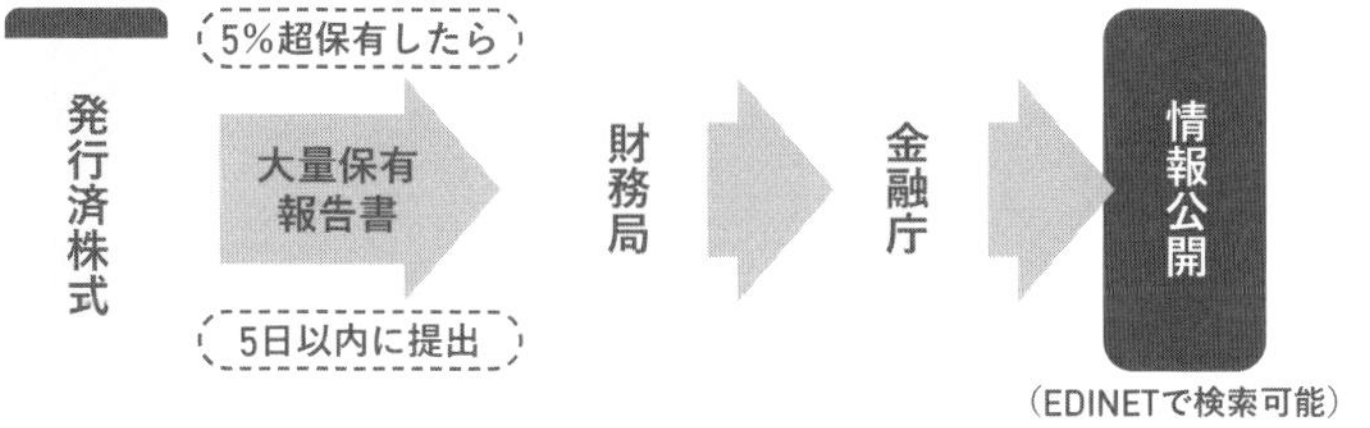

大量保有報告書を提出した後に、その株の保有割合が1%以上増減した場合も再度報告書提出義務があるので、次は「買い増し」したのか、「売った」のかの報告書も注目する。

参考：JPX　調査レポート「株式分布状況調査」　https://www.jpx.co.jp/markets/statistics-equities/examination/01.html
金融庁「EDINET」　https://disclosure2.edinet-fsa.go.jp/WEEK0010.aspx

〝ブーム〟ではなく〝テーマ〟に乗る

投資家が欲しがるテーマとは

3章でも述べましたが、株には流行するテーマがあります。テーマが流行する理由はいくつかあります。最近の事例で説明するなら、「半導体」です。半導体はスマートフォンやPC、自動車などに使われますが、コロナ禍などで生産が激減し、さらに輸送もできず世界中で半導体不足になりました。これによって半導体の需要が高まり、奪い合う状況になったことで、「半導体」は世界中の株式市場の流行テーマになりました。

ほかにも、自動運転技術や電気自動車などの「新技術」「技術革新」だったり、旅行人気で航空会社や空港、宿泊施設や飲食店が活況になったり、電力の高騰で代替エネルギーやその原材料もテーマになったり、時流に沿って替わります。

ひとたび盛り上がったら数カ月～数年続くような、国が推進する「国策」関連などのテーマを探すのがコツです。

一過性の「ブーム」ではなく時流に沿った「テーマ」を選ぶのが大切です。

こんなときに「テーマ」が流行する

需要と供給のバランスが崩れる

需要は高いのに供給が間に合わない場合、商品価値が上がる。特に代替不可で必要不可欠なものであれば、流行が落ち着いても需要はあるので投資対象として二重丸だ。

業界が盛り上がる

業界全体の隆盛でもテーマが流行する。たとえば巣ごもり需要や在宅ワークの普及によって「EC」「小売り」「物流」などのテーマが盛り上がった。

新技術が注目される

固定電話→携帯電話→スマートフォンのようなイノベーションが起こるたび、新しい流行が発生する。新技術には注意を払おう。

株 価 上 昇

世界の流行を知れば日本の流行も見える

世界で流行しているテーマとは

流行するテーマ見つけるために、現在の流行を確認してみましょう。米国ではゴールドマン・サックスが選んだ、市場をけん引している7つの企業「マグニフィセント・セブン」があります。「グーグル」のアルファベット、アップル、フェイスブックとインスタグラムのＭＥＴＡ、アマゾン、マイクロソフト、テスラ、そして人工知能技術で躍進を続けるエヌビディアです。

ゴールドマン・サックスは世界の投資家から注目を集める7つの日本企業「七人の侍」も選定しています。

日本でも外国人投資家が「マグニフィセント・セブン」的な銘柄を求めることもあって、ＩＴや半導体が人気です。

ヨーロッパは製薬が強く、高級品や食品も市場をけん引しています。海外の流行テーマが日本に影響を及ぼすこともよくあります。国内外の、現在流行中のテーマ、次に盛り上がりそうなテーマには注意を払っておきましょう。

たとえば2020年代はこんなテーマが流行

▶日本で流行のテーマ

七人の侍

半導体	SCREEN
	アドバンテスト
	ディスコ
	東京エレクトロン
自動車	トヨタ自動車
	SUBARU
総合商社	三菱商事

▶アメリカで流行のテーマ

マグニフィセント・セブン

IT・半導体（GAFAM）	Alphabet（Google）
	Apple
	META（Facebook、Instagram）
	Amazon
	Microsoft
自動車・AI	テスラ
	エヌビディア

▶ヨーロッパで流行のテーマ

GRANOLAS＋α

製薬	GSK（英）
	ロシュ（スイス）
	ノバルティス（スイス）
	ノボ ノルディスク（デンマーク）
	アストラゼネカ（英）
	サノフィ（仏）
ハイテク	ASML（オランダ）
	SAP（独）
高級品	ロレアル（仏）
	LVMH（仏）
食品	ネスレ（スイス）

流行銘柄は〝分散〟と〝入れ替え〟がコツ

流行は次々と入れ替わる

流行のテーマ株といえば最近ではＡＩが注目されていますが、実用化に成功して普及が進めば、テーマとして長く大きく盛り上がることが期待できます。しかし、普及に失敗すると、株価は下落、低迷するかもしれません。

流行銘柄はテーマを分散させ、かつ、入れ替えていくことが大切です。業界全体の業績や株価が落ちてきたり、とってかわるような新技術や新サービスが生まれたときには注意が必要です。たとえば「ソーシャルゲーム」が大流行したとき、関連企業の株価も大いに上昇しましたが、現在のテーマとして流行はしていません。一方、インバウンドはテーマとして２０１０年以降に大流行しましたが、コロナ禍もあっていったんは落ち着きました。しかし、２０２３年の円安で再加熱しました。

理想としては流行前に株を買って仕込み、流行が終わる前に売却して、次に盛り上がりそうなテーマの銘柄を買う…を繰り返すことです。

分散＆入れ替えで資金を増やそう

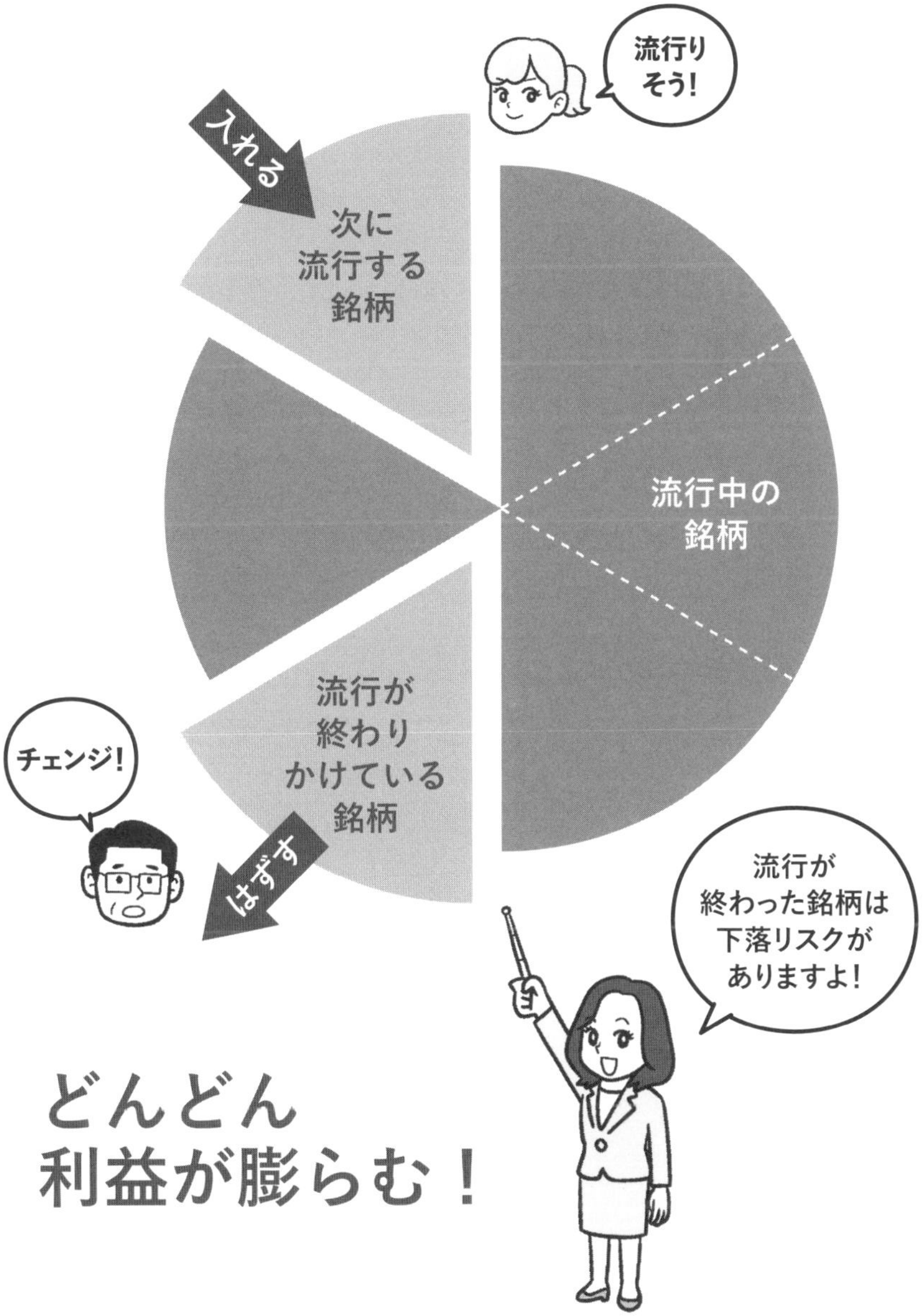

「テーマ」が流行するの？

IT·最先端技術

半導体やソフトウェア開発など、ＰＣや車、飛行機など日常生活にも密接に関わる産業。イノベーションが起こると株式市場はいちはやく反応するので、常に動向を見守りたい。

半導体

自動車、スマートフォン、ゲーム機などさまざまな電子機器に必要不可欠な部品。レアメタルやシリコンなどの原料から生産工場など関連する銘柄は幅広い。

AI

ChatGPTで大流行となった生成AIはじめ、自動運転技術、物流、農業や医療など多岐にわたったて実用化されている。今後拡大が期待されている分野だ。

インバウンド

（円安）

訪日外国人需要のこと。円安が進むほど、外国人旅行者が大勢訪れ、多額の滞在費を費やしてくれる。近年、北海道や長野県へのスキー客が激増したことが話題になった。

ホテル

インバウンドにより客単価を上げられる。空港や都市へのアクセス至便なビジネスホテルチェーンと、観光地のリゾートホテルは特に円安の恩恵を受けている。

小売り、観光

かつてのインバウンドは「爆買い」が話題だったが、近年はコアなエリアの観光や体験プランが人気。外国人が何を目的に日本に来ているのかで盛り上がる業種が変わることに注意。

どんなときにどんな

内需
（円高）

円高になると、インバウンドが減り、内需が拡大する。食品、エネルギー、通信などが代表的な銘柄。内需は不況にも強いので「ディフェンシブ銘柄」とも呼ばれる。

食品

小麦、油、大豆など、数多くの原材料を輸入に頼る食品産業。円高が進めば原材料費が下がるので利益拡大が見込める。食品でも、製造、輸入、加工など幅広い分野がある。

エネルギー

日本は原油、ガスなどを輸入に頼っているため、電気を含めたエネルギー関連は円高の恩恵を受けやすい。需要も常にあるので、優秀な円高＆ディフェンシブ銘柄だ。

自動車

交通、物流インフラ、輸出産業などとして日本を支える自動車。新技術も日進月歩なので、自動車に関連するテーマはたくさんある。

メーカー

ＥＶ開発・導入で世界に後れをとっていたが、トヨタやスバルなど世界でも人気が高い企業がたくさんある。たとえばインドではスズキのシェアが40％超とNo.1を誇る。

自動運転技術

日本では完全自動運転での一般道走行はまだまだ未定だが、実用化されれば株価上昇が期待できる。関連する事業はソフトウェア開発やＡＩ、運転制御技術など幅広い。

儲かる「流行銘柄」はここで見極める

流行のテーマは関連銘柄を探る

流行の真っただ中だと、主要な銘柄の株価は上がりきっていることがあります。「株価が出遅れている銘柄」を探すのが良いのですが、業績も出遅れていたり、別の事業で負債を抱えていたり、出遅れているには理由があるもの。「テーマの銘柄だ」と飛びつくと、痛い目にあいかねません。

どこを探せばいいのかというと、おすすめは関連銘柄です。流行のテーマですと、半導体ならまず半導体メーカーが買われます。半導体はスマホ、パソコン、家電に産業機器、交通インフラと多くで必要とされますし、ChatGPTなどの活用の場が増えれば、一段とニーズも高まります。ではなぜ半導体が必要なのか？　時代がデジタルの躍進を求めており、国が後押ししているからです。ＤＸやＡＩなども同様ですし、そうしたデジタルを活用するにはエネルギーも必要ですから再生エネルギーへの熱量も高まり続けています。こうした技術に不可欠な部品や製品など、1つのテーマで多くの銘柄が注目されていくわけです。

流行のテーマはここに注意！

テーマに関連する企業

メーカーに対して部品製造、材料調達など、流行のテーマに関連する業種はねらい目。さらに、物流やAIなど、複数のテーマと関連している事業は、なにかの流行が終わった後も上昇余地があるかも。

◎ 有望銘柄

株価が出遅れている銘柄

流行中なのに投資家に注目されていないのは「赤字企業」「多額の負債がある」など理由があるかも。株を買う前に決算報告やアナリスト分析をチェックしよう。同業の株価が一段落してから見直されることも。

△ よく調べてから

あまり実績がないのに株価が急騰中

創業10年未満など短く、実績もあまりない企業なのに「流行のテーマ」として注目され株価が急騰することがある。急落して値を戻すことが珍しくないので、PBRなどを見て割高でないかチェックしよう。

✕ 避けた方が無難

国策に関連している銘柄

国の進める政策に関連する銘柄を国策銘柄という。「国策に売りなし」と言われ、で注目度が高い。近年はDX、AI、物流、半導体、再生エネルギー関連などが国策銘柄。

◎ 有望銘柄

ニュースと株をリンクさせる

流行はニュースでわかる

　現在流行中のテーマを探すのは、さほど難しくありません。日経新聞やブルームバーグなどの経済紙で頻繁に出てくるキーワードからわかりますし、『会社四季報』や証券会社のアナリストレポートでは「流行のテーマ銘柄」という記事が頻繁に取り上げられます。

　また、投資家が注目している銘柄は、出来高と売買代金が増え、株価が上がります。各証券会社や投資情報サイトの多くでは「売買代金」「出来高」「株価上昇率」「業種別」などのランキングが発表されているので、どの業種の株が買われているのかを見れば、現在の流行や、次に流行しつつあるテーマが見えてきます。

　日常のニュースからも、次の流行が予想できます。たとえば円安で訪日外国人が増えているとなれば「インバウンド」や円安関連銘柄が好調になる」、運送会社が人手不足となれば「通信販売、物流が隆盛」のように。**大切なのは世の中の出来事や予定と、株をリンクさせることです。**

“流行”はここでチェック！

▶ランキングの「業種」を見る

証券会社の「ランキング」では、値動き、出来高、売買代金、業種別などのランキングが確認できる。どのような銘柄、どのような業種に注目が集まり、売買されたのかがわかる。

楽天証券「業種別ランキング」https://www.rakuten-sec.co.jp/web/market/ranking/sector.html

▶「テーマ」を検索する

投資ニュースサイトの多くでは、テーマ別人気ランキングを公開している。株価変動率や出来高、サイトのアクセス数など様々な情報からランキングを出している。

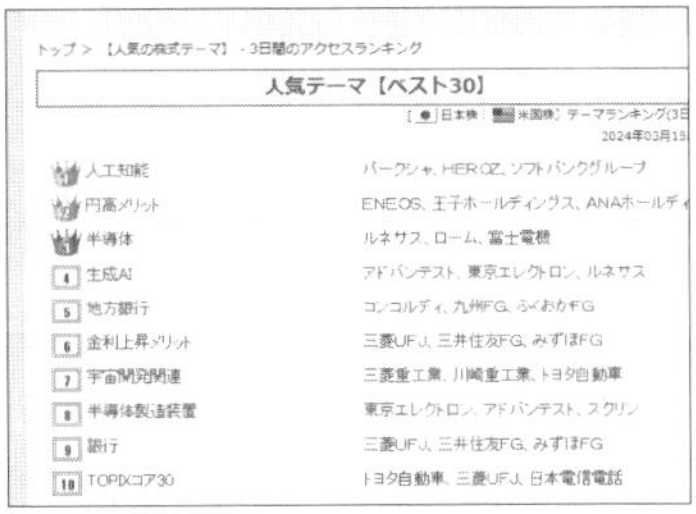

株探（かぶたん）「人気の株式テーマ」
https://kabutan.jp/info/accessranking/3_2

▶ニュースサイトのトピックを見る

経済情報を中心に取り扱う新聞やニュースサイトの「トピック一覧」を見ると、話題となっているテーマが見えてくる。次の流行を探るのに役立つ。

日本経済新聞「トピック一覧」
https://www.nikkei.com/theme/list/

株主優待は企業からのプレゼント

株主優待は企業もメリットがある

人気の「株主優待」についても知っておきましょう。企業が株主に感謝の気持ちとして、自社製品をプレゼントする制度です。

株主還元の一環なのですが、企業にとってはメリットが多いのです。まず、プレゼントするのは自社製品やサービスなので、コストが抑えられます。また、自社製品やサービスを体験してもらえるので、販売促進のプロモーションにもなります。優待が人気になれば株主増加も期待できます。

株主にとっても、持っているだけで嬉しいオマケがもらえるうえ、優待が人気になれば株価が上がります。たとえば日本マクドナルドホールディングスやすかいらーくホールディングスではお食事券（商品引換券）がもらえます。株主優待は個人投資家に人気があって、「優待銘柄」と呼ばれることもあります。

ただしあくまでもオマケと考え、株主優待を目当てに株を選ぶのは避けましょう。

株主優待の基礎知識

企業

企業のメリット

株主還元になる
自社製品のアピールになる
コストがおさえられる

株主優待

自社製品
自社サービス
金券や割引券など

個人投資家

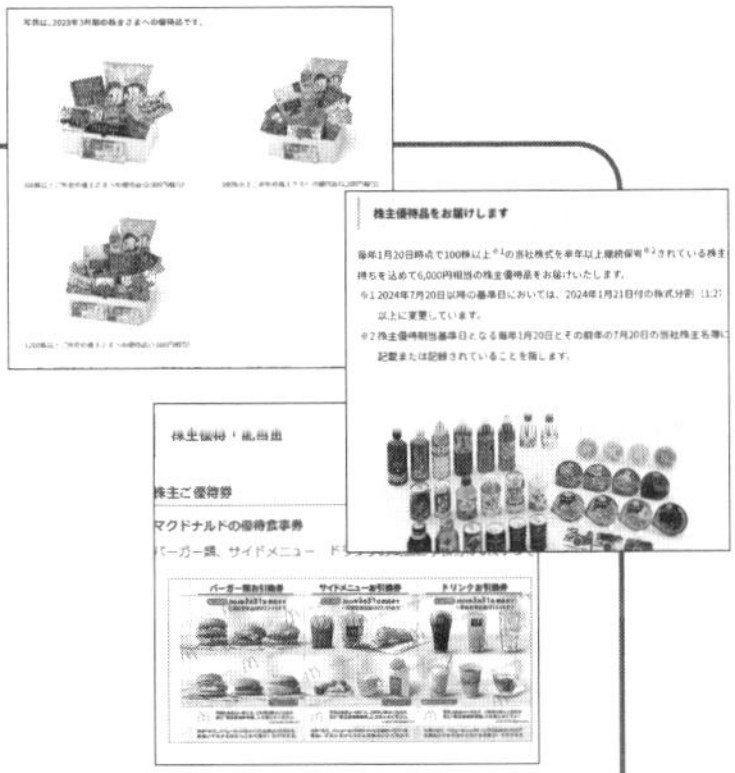

株主優待で人気の企業

日本マクドナルドホールディングス（2702）
ダイドーグループホールディングス（2590）
すかいらーくホールディングス（3197）
吉野家ホールディングス（9861）
ビックカメラ（3048）
イオンモール（8905）　…などなど

※カッコ内の数字は銘柄コード

株主優待がもらえる条件をチェック！

いつ株をもっていればいい？

株主優待は、基本的に規定された日に株を保有しているだけでもらえます。じつは株主優待では、「権利日前に買って、権利が確定したら売却。その資金で次の優待銘柄を買う」ができるのです。これが株主優待が人気になった理由でもあります。

具体的には左図で説明しましたが、「権利確定日」の2営業日前（権利付き最終日）に株を保有していれば、企業の株主名簿に載るので、株主優待をもらえます。なお、この「2営業日前ルール」は配当金も同じです。

そのため、優待が人気の銘柄は権利付き最終日直前に株に注目が集まるので株価が上がることがあります。また、権利確定日に買っても株主名簿に載らないので、株主優待をもらうことはできません。「2期連続で名簿に載っていること」など長期保有を必須としている企業もあります。いずれにせよ、株主優待がほしいなら、余裕をもって株を取得しておきましょう。

権利確定日と権利付き最終日

26	水		
27	木	**権利付き最終日**	← この日までに株を購入して保有しておく
28	金	権利落ち日	← 株を売却しても優待はもらえる
29	土	非営業日	2営業日前なので土日祝は計算しない
30	日	非営業日	
31	月(祝)	非営業日	
1	火	権利確定日	← この日に株を持っていなくてもOK
2	水		

注意！ ▶一部、半年以上など長期にわたって保有していないと優待をもらえない企業もある

株主優待に振り回されては投資家失格！

高値づかみに気を付ける

株主優待で気を付けたいことは、「権利確定日だけ持っていても優待はもらえない」、「権利付き最終日前に価格が上がり、権利確定日前後は売られて価格を下げやすい」ということです。発行株数、株主数の多い大型株であれば、優待目当ての価格上昇や下落は気にするほどでもないかもしれませんが、チャートを見ておかないと高づかみ、安値売りになりかねません。

最初に説明した通り、株で儲けるコツは「安く買って、高く売る」です。もし優待が目当てで売買をしようと考えているなら、しっかりとチャートで値動きを見て、安値圏で買って仕込んでおきましょう。そして、売却するにしてもタイミングが重要です。５０００円の株主優待（しかも原価は数百円程度かも）をもらうために、売却で数万円の損をするのでは本末転倒です。

さらに企業は業績によって株主優待のグレードを下げたり、廃止したりします（これは配当も同じです）。投資家目線で考え、優待に期待しすぎないようにしましょう。

優待狙いなら、ここに気を付けよう

権利確定日周辺は値が動きやすい

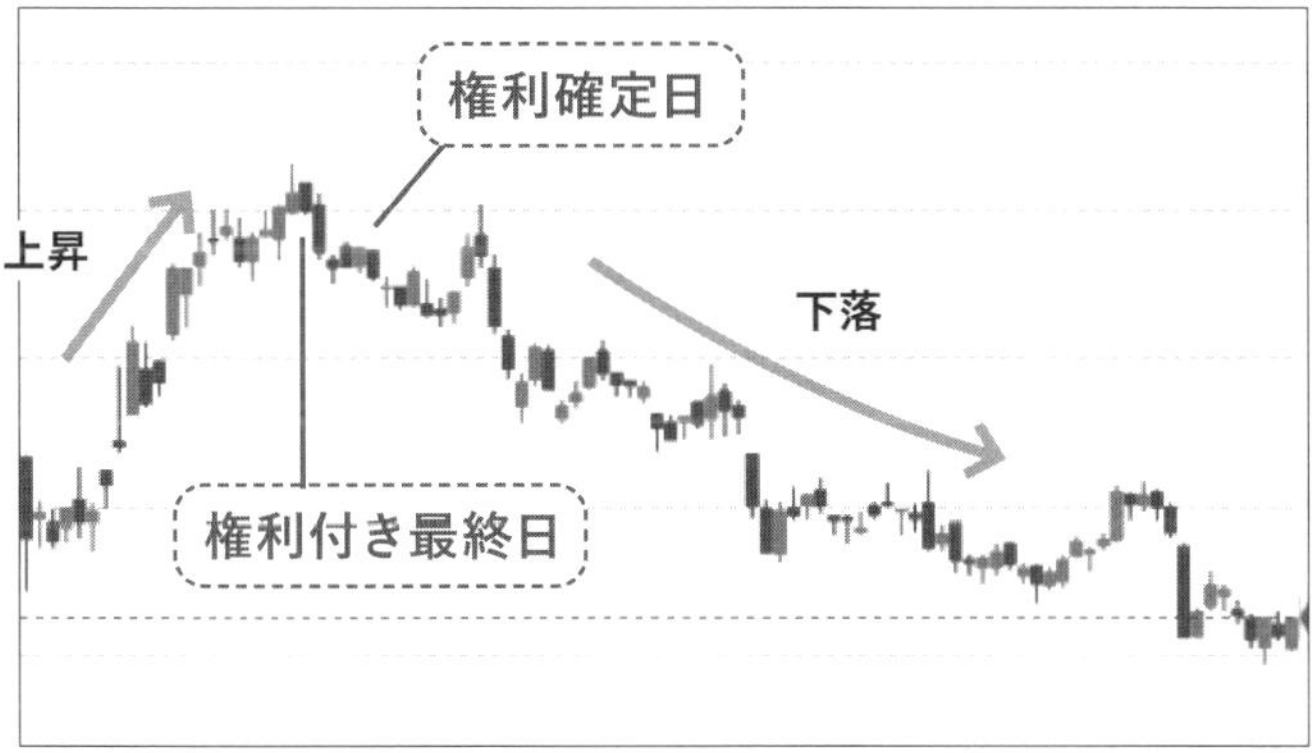
権利確定日
上昇
下落
権利付き最終日

株主優待のテクニックとして、「優待銘柄を次々に乗り換える」が広く知られている。前回、前々回の権利日周辺のチャートは確認しておくこと。

株価が上昇している銘柄かチェック

高値圏で買って、その後下落してしまっては、株主優待をもらっても損の方が大きくなる。チャートで現在のトレンドを確認して、高値圏で下落の兆候があるなら優待をあきらめて見送ろう。

株主優待に
期待しすぎず、
あくまで
嬉しいオマケと
割り切りましょう

優待廃止もありうる

企業は業績が悪化したら、株主優待のグレードを下げたり、廃止したりすることも。そうした改悪の発表は株価を下げる要因にもなるので要注意。

column

株主優待はあくまでもオマケ

「優待利回り」に惑わされない

何度も「株主優待はあくまでもオマケ」と言いましたが、これは本当に、前提として頭に刻んでほしいことです。

優待利回りという言葉がありますが、株主優待でもらえるものは、通常その企業の製品やサービスです。「5000円分」と言われても、原価は数百円、ことによると数十円程度かもしれません。

もらえて嬉しいプレゼント

それでも、いつも行っているレストランのお食事券でしたら、もらって嬉しいおトクなプレゼントであることは間違いありません。

株式投資は「安く買って、高く売る」です。業績悪化などで株価が暴落しているのに、「もうすぐ優待の権利日だから」と保有し続けたら、大きな損になります。優待は「持っていたらたまたまもらえた」程度で付き合うのがちょうどいいと私は考えています。

第5章

チャートからお宝情報を見つけ出そう

チャートで過去、現在、そして未来が見える

過去から現在の値動きがわかる

チャートは過去から現在にかけての値動きを示したグラフです。縦軸が株価、横軸が時間で、折れ線グラフのように見えるのが、一定時間での価格の変化を示すローソク足です。下段には、株の売買数を表す出来高が表示されるのが一般的です。

チャートからは様々な情報が得られるのですが、まずは3つの点に注目しましょう。

①値動きのトレンド（値動きの傾向）

②移動平均線（指定日数の株価の平均値）

③出来高（売買された量）

トレンドで現在の値動きの傾向がわかります。上昇中なのか、下降中なのか、停滞中なのか…。そして移動平均線では「過去何日間の平均の価格推移」がわかります。出来高はどれだけ売買されたかですので、市場の注目度がわかります。

これらを組み合わせ、チャートから情報を読み取り、値動きを予測することを「テクニカル分析」といいます。多くの投資家が使ってトレードしているので、最初は基本だけでもいいので、必ず押さえましょう。

▶チャートを見ればその銘柄の動きが一目瞭然！

ローソク足でトレンドをチェック

チャートは「ローソク足」で形成される。ローソク足は白や赤の「陽線」、黒や青の「陰線」、ヒゲなどであらわされ、それぞれ意味がある。

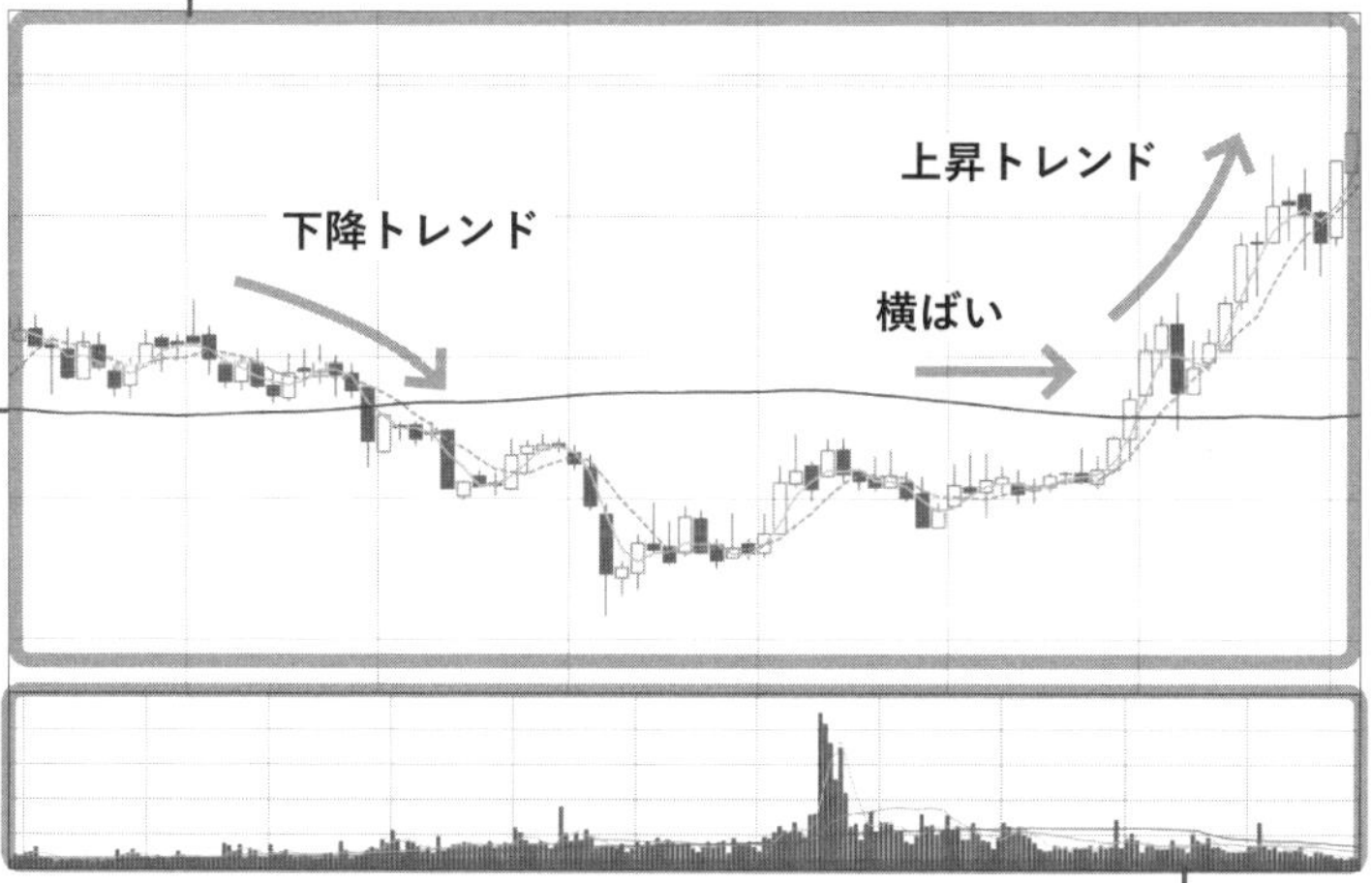

移動平均線

過去の指定の日数分の株価平均をつないだ線。5日移動平均線なら5日間、75日平均線なら75日分の平均値がわかる。平均線より現在価格が下にあれば、平均より安値。

出来高で売買動向をチェック

出来高は売買が成立した量を表している。出来高が急増したらトレンドの転換サインとしてとらえられる。出来高は「売れた数」だけでも増えるので、下落で大量の売りが成立したときも急増する。「売買代金」が増えているかどうかも確認しよう。

チャートから〝稼ぐサイン〟を読み取る

チャートはベテランも重視する

チャートは情報の宝庫ですが、機関投資家でも、個人投資家でも、ベテランでも初心者でも、誰もが同時に見ることができる、最も公平な情報ツールでもあります。

チャートの読み方の基本として、まずは値動きのトレンド、大きな波を見るクセをつけましょう。

値動きのトレンドは大きく分けて3つ。株価が上がっている「上昇トレンド」。株価が下がっている「下降トレンド」。値動きが小さな「横ばい」です。

売買チャンスが見えてくる

上昇トレンドは、基本的に買いのチャンスです。上昇が続くなら、持ち続けてトレンドが転換したタイミングで売却して利益確定です。下降トレンドは買うと損するタイミング。横ばいは基本的に様子見です。

トレンドは視覚的にわかると思いますが、重要なのは「トレンドの転換」です。このトレンドの転換サインも、チャートから読み取ることができます。

たとえばこんなことがわかる!

買うタイミングの判断材料になる

上昇トレンド

○買うと儲かるかも…

下昇トレンド

×買うタイミングではない

横ばい

△どっちに行くか注視

上昇トレンド中なら値上がりが期待できる。下降トレンドはどこまで下がるかわからないなら手を出すのは危険。横ばいなら、トレンド転換のタイミングを見計らう。あくまでも基本なので上昇トレンド中に買って高値づかみをしてしまう可能性や、下落トレンドから一転暴騰することもある。

長期で保有する? 短期で稼ぐ? 見送る銘柄か?

右肩上がり

長期保有

激しい値動き

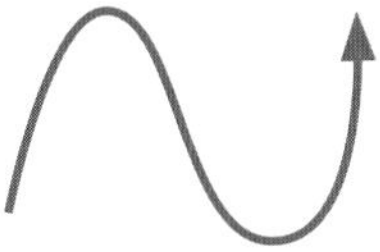

短期売買

動きなし

見送り

長期間にわたって右肩上がりを続けている銘柄は長期保有に向いている。激しい値動きをしている銘柄は短期での売買向き。動きがない銘柄は売るに売れなくなる可能性があるので注意が必要。

チャートで自分の得意パターンをつかもう

自分に合った銘柄を見つける

投資家の性格や投資スタイルによって、激しい値動きをする銘柄が好きだったり、細かい値動きは気にせず長期保有できる銘柄が好きだったり、テクニカル分析のパターンに沿ったトレードをするのが好きだったり、様々です。

私がおすすめしたいのが、「得意な銘柄」「得意な値動き」をいくつか見つけ出しておくことです。

チャートに慣れてくると、値動きにもいろいろなパターンがあることに気づくと思います。ゆっくりと波を打つように上昇したり、上昇と下落を繰り返す激しい値動きをしたり、特定の時期に上昇と下落を繰り返したり…。自分が得意な値動きをつかめば、パターンに沿ったトレードで稼ぐことができます。

また、投資経験を積む中で、「この銘柄は決算短信を出すたびに値上がりする」のような、得意な銘柄のパターンをつかむことができれば、1つの銘柄で何度も稼ぐことができるので、おすすめです。

同じ銘柄で何度も稼げる！

1 毎年同じような値動きをする銘柄

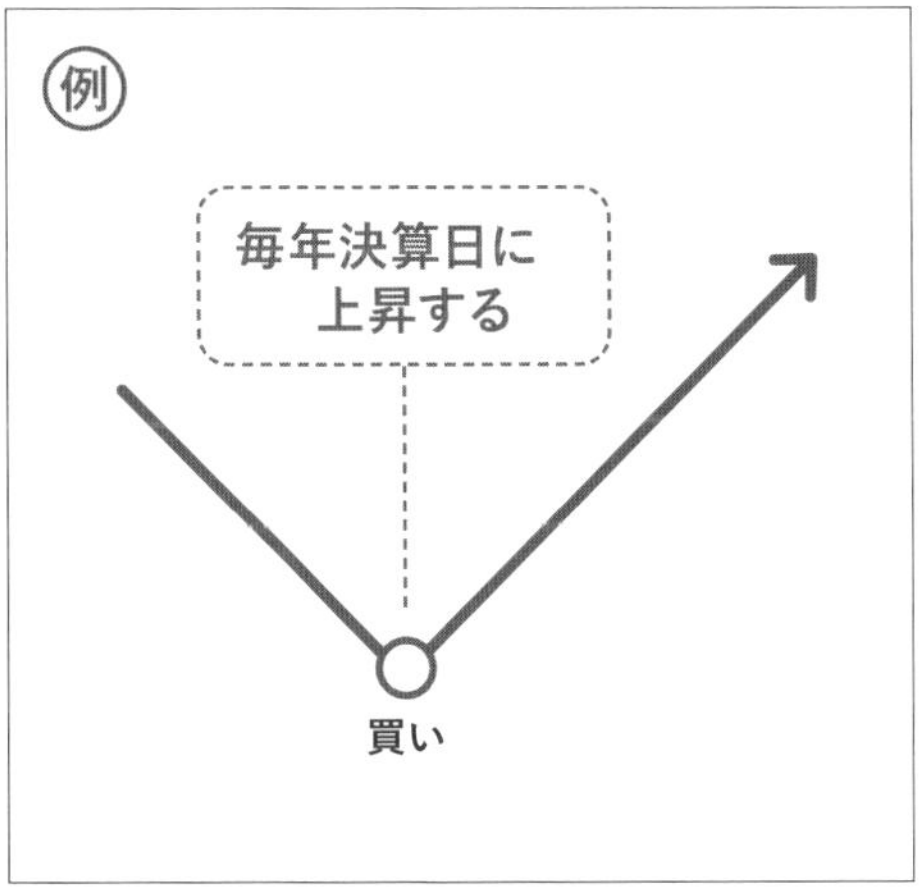

トレードの経験を積むと、毎年、同じ時期に同じような値動きをする銘柄に出会うことがある。そうした銘柄を複数見つけておくと、「1月はA社、3月はB社、4月は…」というように、ローテーションで稼げるようになる。

2 上昇と下落を繰り返す

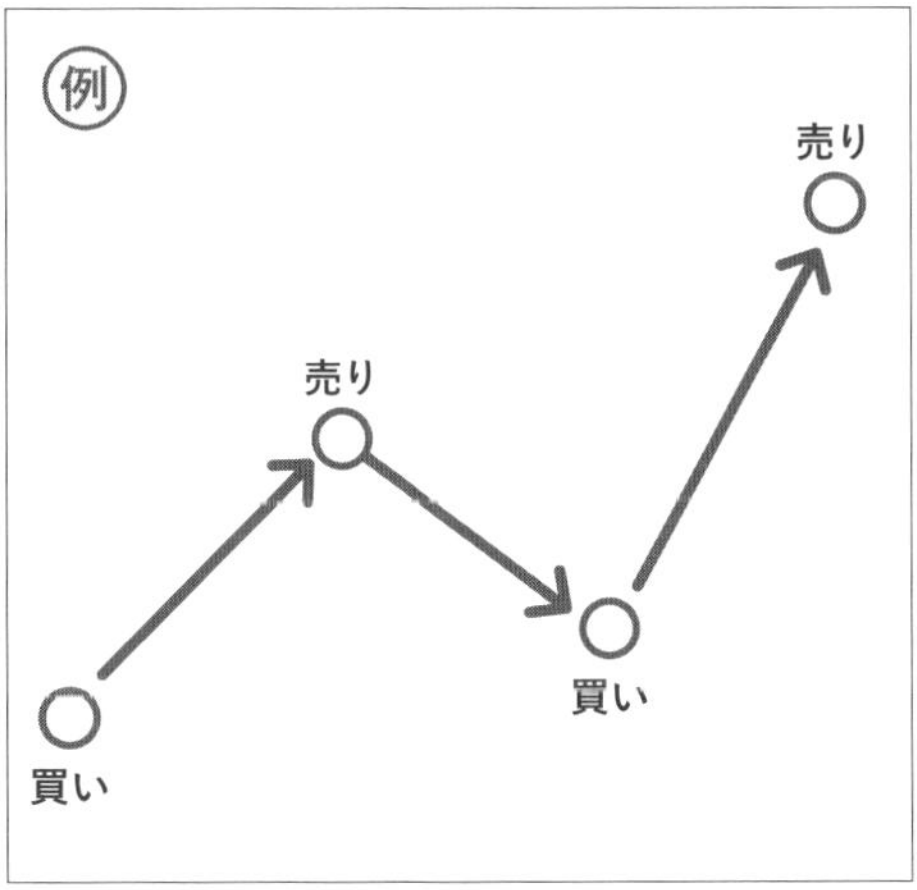

値動きにパターンがあったり、素直な値動きをする銘柄もある。そのような銘柄なら、上昇トレンドで上昇するタイミングと下落に転じるタイミングをつかむことができれば、１つの銘柄で何度も稼ぐことができる。

ローソク足は情報の宝庫

ローソク足で価格変動が一目瞭然

ローソク足は日本で生まれ、世界で使われています。実は相場の世界には日本で発明されたものが多いのですが、ローソク足は世界標準となるだけあって、便利で理に適っています。

ローソク足1本だけでも様々な情報が詰まっていますが、複数組み合わさることで、より複雑な情報が読み取れます。

白い線は陽線。始値よりも終値の方が高く、株価が上昇したことを示します。黒い線は陰線。始値より終値が低く、株価が下がったことを示します。このローソクの部分を実体と言います。

細い線はヒゲ。実体は始値と終値を示しますが、ヒゲは一時的にそこから外れた値を示します。上に伸びたヒゲを上ヒゲと言って、一時的に高値になったけれど、取引終了までに終値までが下がったことがわかります。

下ヒゲは逆で、一時的に値を下げたけれど、終値のほうが価格が高かったことを示します。

覚えておくべきローソク足の読み方

価格の変化や勢いを知るのに必要不可欠

ローソク足は一定の時間内での値動きを形で表したもの。実体は始値と終値、ヒゲは高値と安値をそれぞれ示している。実体とヒゲの長さ、陽線と陰線がどう並んでいるのかなどで価格の変化がわかり、今後の値動きまで予測できる。

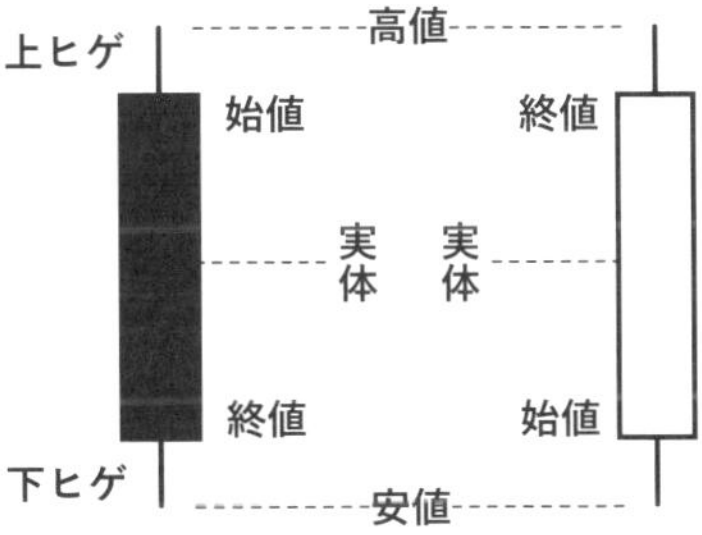

陰線

始値より終値が安くなった時のローソク足。価格の下落を意味する。

陽線

始値より終値が高くなった時のローソク足。価格の上昇を意味する。

▶まずこの4パターンを覚えよう!

▶実体が長い

実体が長い陽線、陰線のこと。一定時間にそれだけ価格が動くということは、売買が活発ということ。

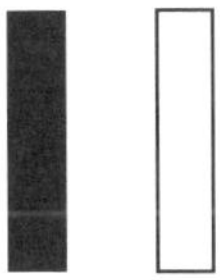

大陰線　大陽線

▶ヒゲが長い

上ヒゲや下ヒゲが長いのは、最終的に価格は戻したということ。場の継続や反転を意味する。

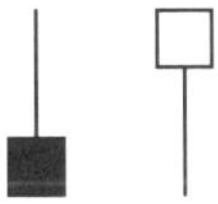

長い上ヒゲ　長い下ヒゲ

▶実体が短い

実体が短い陽線、陰線のこと。一定時間にあまり価格が動かないのは取引が沈静化している証拠。

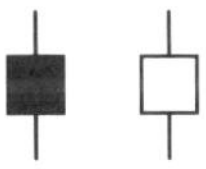

小陰線　小陽線

▶十字線

始値と終値が同じ価格だということ。すなわち売りと買いが拮抗している。価格の停滞を意味する。

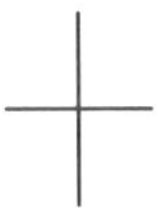

十字線

陽線と陰線のシグナルを見極めよう

ローソク足からわかるサイン

ローソク足の意味がわかれば、ローソク足だけでもトレンド転換の兆候を見つけることができます。

たとえば陽線は価格の上昇、陰線は価格の下落を示します。3連続など複数の陽線が続けば、それだけ連続して価格が上昇しているということで、上昇トレンドの可能性が高い。陰線が続けば下降トレンドを疑います。

実体とヒゲも重要です。それだけ価格が動いたことがわかります。ヒゲは最終的に値を戻したとはいえ、いったんはその値で取引が成立したということです。

包み足といって、前のローソク足をすっぽり包み込むような形になることがあります。たとえば短い陰線を長い陽線が包み込めば、それだけ強い買いが入っているということで、上昇のシグナルになります。前の陽線を長い陰線が包み込めば、逆に強い下落サインです。短い時間足よりも、月足など長い時間足の方が、こうしたサインの精度が高くなります。

シグナルを探そう

連続陽線

陽線が何本も連続して続くと、上昇の強いシグナル。逆に何本も陰線が続くと下落の兆候。

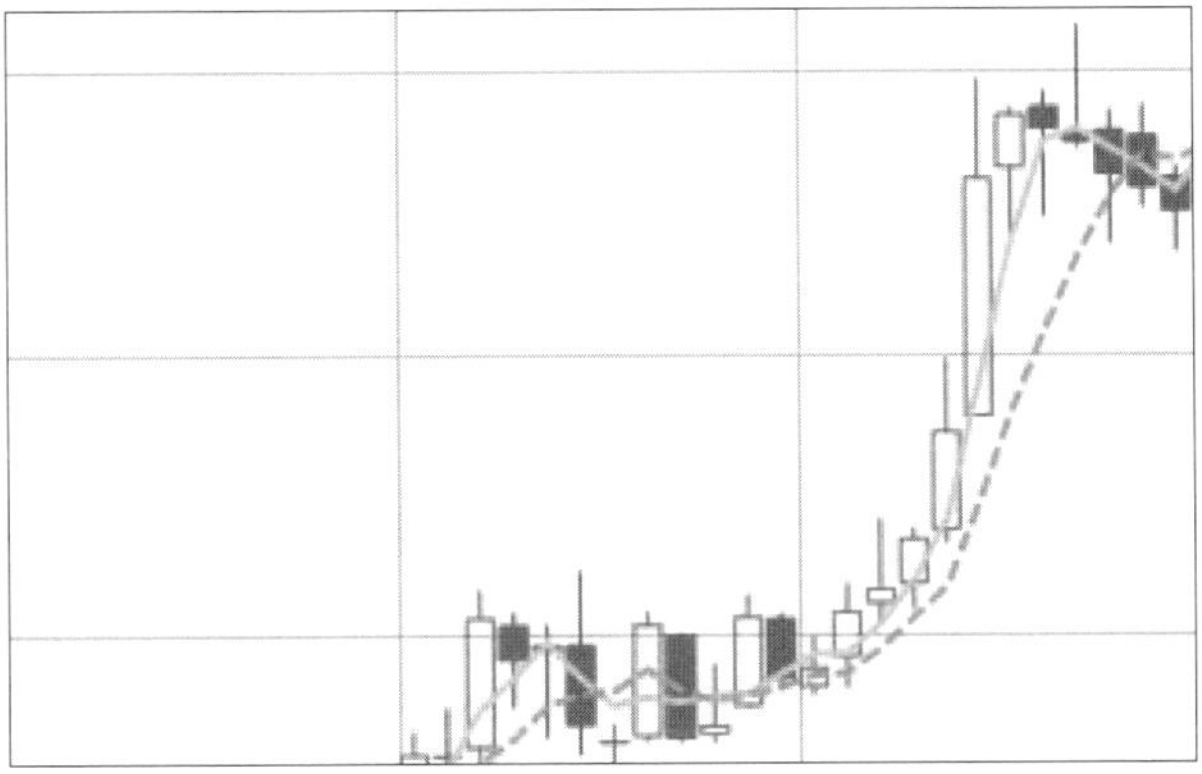

「包み足」には要注意

包み足とは、連続したローソク足で、2本目のローソク足が前のローソク足を包み込む形の高値と安値になっている状態のこと。日足より週足、週足より月足と期間の長いチャートで見るほうが精度が高い。

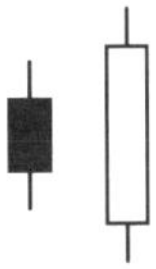

▶陽線包み足

安値圏で前月の陰線の高安をすっぽり包み込む陽線が出現したら上昇への強気シグナル

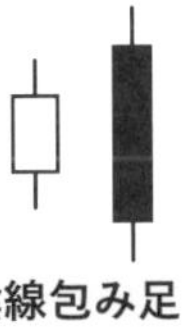

▶陰線包み足

高値圏で前月の陽線の高安をすっぽり包み込む陰線が出現したら、下落への弱気シグナル

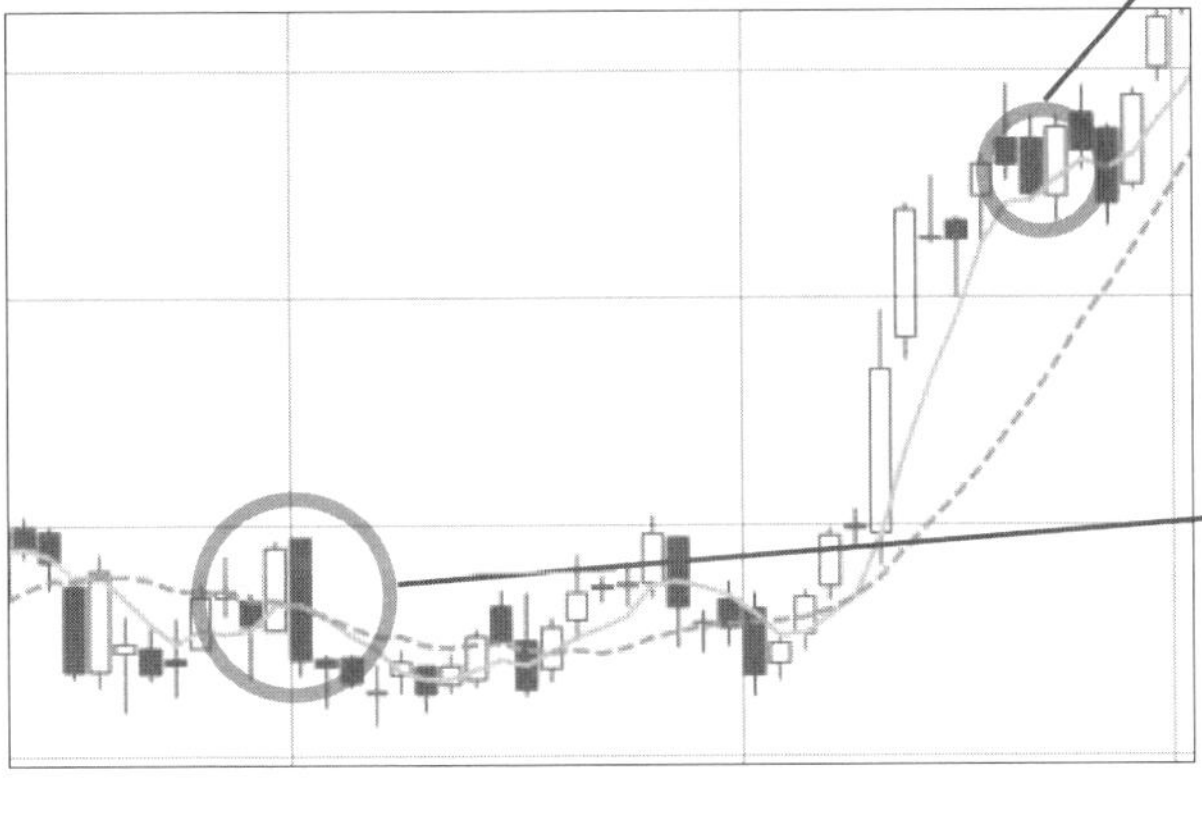

ローソク足が出す〝サイン〟に注目！

〝窓〟と〝赤三兵〟と〝三羽ガラス〟

ローソク足で、大きな隙間ができることがあり、これを窓と呼びます。通常は前日のローソク足から近いところから始まることが多いのですが、株価に大きな差があったとき、窓が開きます。

なぜ窓が重要かと言うと、テクニカル的にはこの窓を埋めに行く習性があるからです。この「窓を埋めに行く」とは、好悪材料で生まれた勢いが落ち着いて、株価が元の水準に戻るということです。窓が開いた銘柄は、相場が反転したときに「窓埋めの水準に戻るかもしれない」という目安にするのが良いでしょう。ただし、窓がすぐに埋められる場合もあれば、時間がかかって何年もかかって埋められることもありますし、窓を埋めずに過ぎていくこともあるので、窓ばかりにとらわれないこと！

また、3連続で右肩上がりになる陽線を「赤三兵」といって、下落から上昇へ転じる強いサインで、投資家は注目します。逆に3連続で下がる陰線は「三羽ガラス」で下落サインです。

ローソク足の上昇・下落のサイン

Check!

窓が開いたら値動きに注意

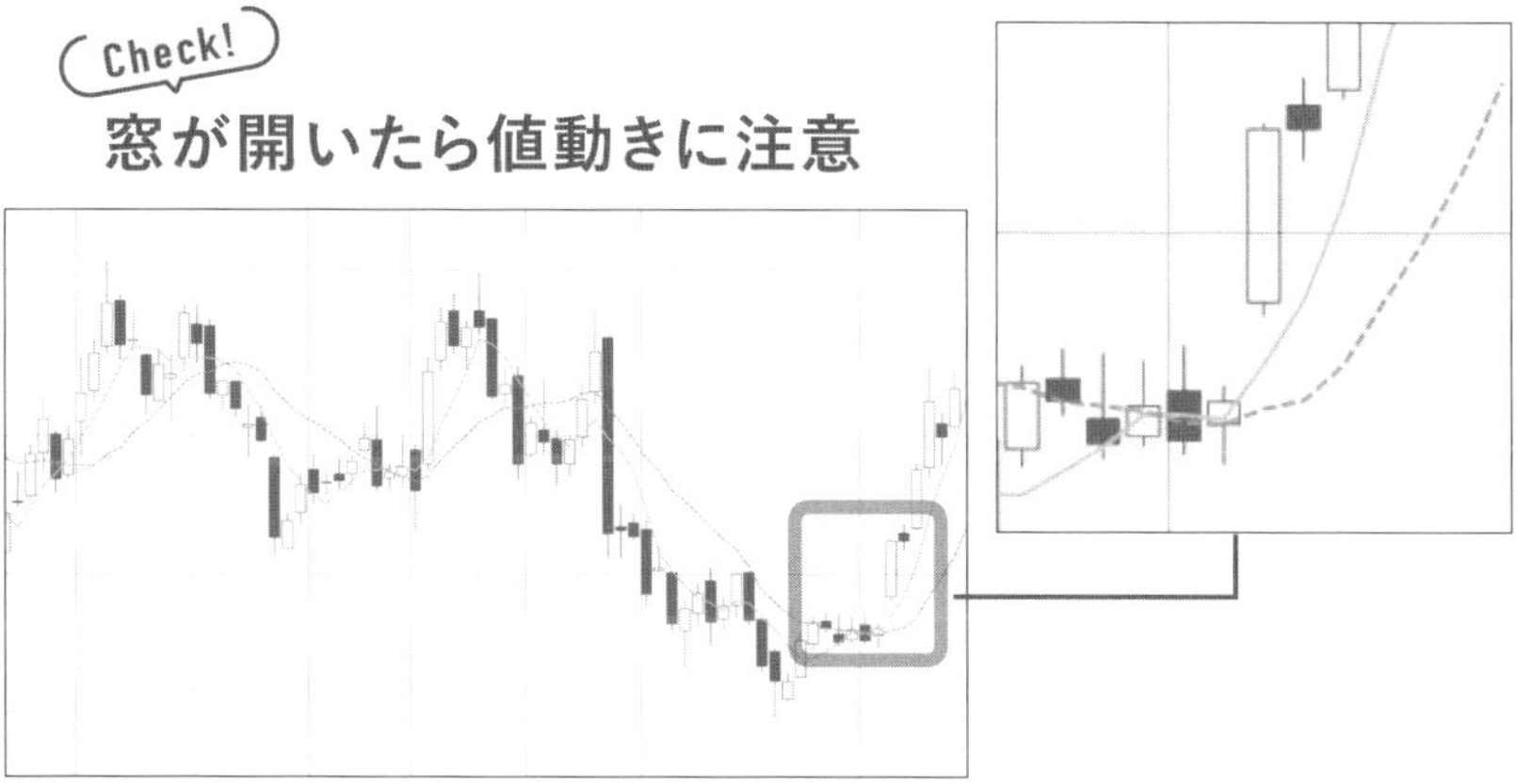

Check!

3連続で上がる陽線は「赤三兵」で“買い”サイン

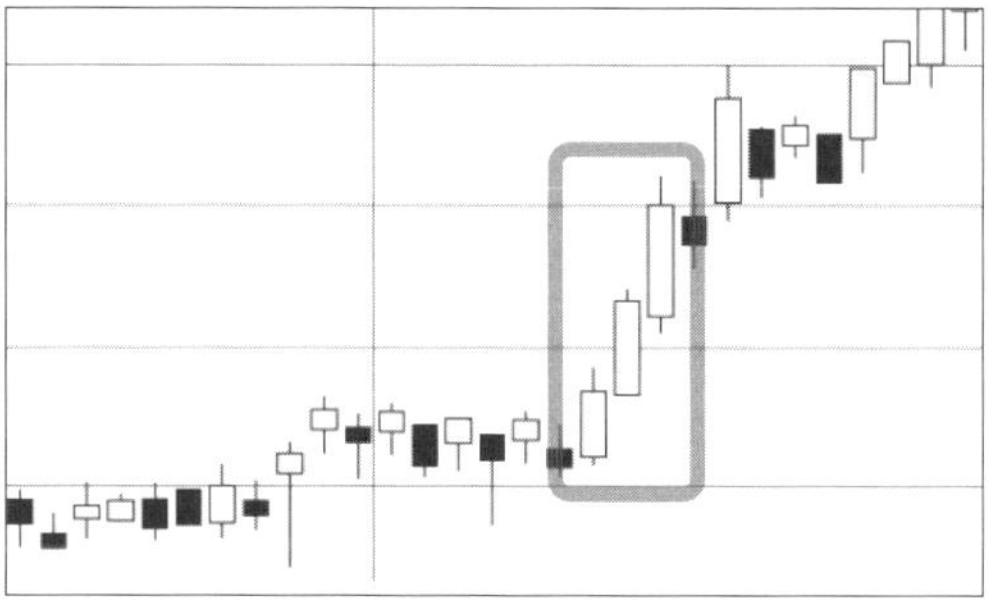

ただし
絶対ではないので、
気にしすぎない
ように！

Check!

3連続で下がる陰線は「三羽ガラス」で“売り”サイン

〝ヒゲ〟から見える儲けるチャンス

長いヒゲの意味を知ろう

ヒゲもとても重要です。実体は始値と終値を示します。たとえば陽線で上ヒゲが長いということは、一時的とはいえ、終値よりもずっと高い値を付けたということです。そこから値を戻したということは、「株価が高すぎ。ここで一回売っておこう」と考えた人が売却した可能性があります。

とくに高値圏で長い上ヒゲが出ると、一般的には下落サインと言われています。ところが、このサインを否定して前の上ヒゲよりも高値になると、強い上昇シグナルとされています。左ページに挙げたのは月足チャートですが、上昇トレンドの最中に長い上ヒゲが出て、連続して5つの陰線が並び、普通にみれば下降トレンドのサインですが、直後に上ヒゲを否定する高値を付け、再び大きく上昇しています。

逆に左ページ下のチャートでは、長い下ヒゲを否定する安値になったら、直後に大きく値を下げています。このような、ヒゲが教えてくれるサインを見逃さないようにしてください。

「長いヒゲの否定」に注意！

▶高値圏の長い上ヒゲは下落サインだが…

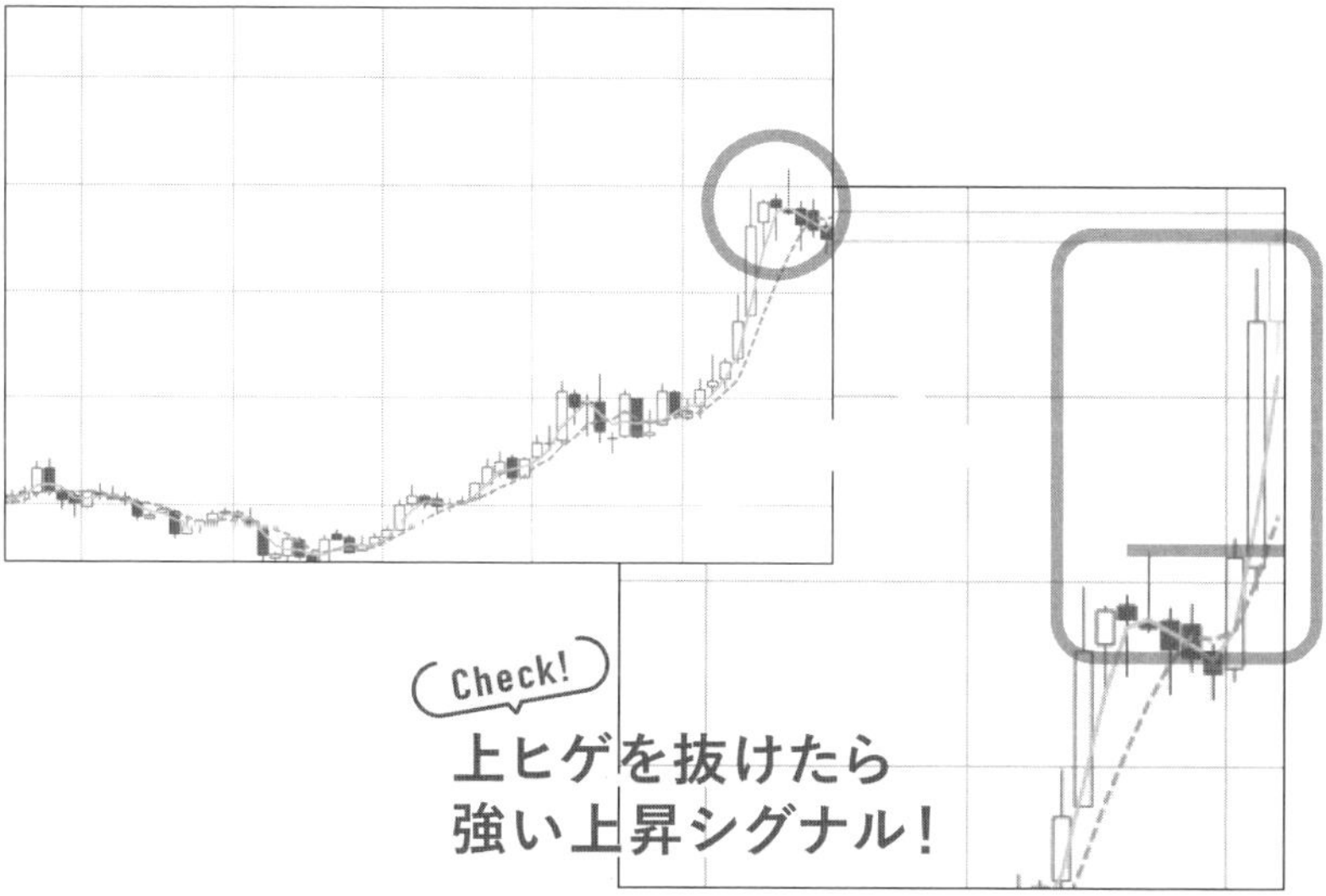
Check!
上ヒゲを抜けたら
強い上昇シグナル！

▶ 逆に長い下ヒゲの否定は下落の予感…

下落の
予感！

「高値圏で長い上ヒゲが出ると下落サイン」「安値圏で長い下ヒゲが出ると上昇サイン」はセオリーだが、セオリーを否定すると、逆に動く。上昇トレンドならさらなる上昇、下降トレンドならより下落するかもしれない。長いヒゲとその否定に注意しよう。

自分の投資期間に合ったローソク足を使う

ローソク足の期間の違いとは

ローソク足は1本で一定の時間の株価変動を示します。1時間足なら1時間、日足なら1日、週足は1週間、月足は1ヶ月です。細かいものは分単位の分足、長くなると年足もあります。

この使い分けが大事なのですが、常に全部を見る必要はありません。とくにデイトレードでもなければ、分足どころか時間足も見なくても大丈夫です。どの時間のローソク足を重視するかは、トレードスタイルも関係します。スイングトレードや中長期なら日足を重視して、月足、週足も確認するのが良いと思います。

あまり細かい時間を見ていると、混乱してトレードに悪い影響を与えかねません。10分足チャートで連続陽線が出て「強い上昇シグナル！」と思っても、1時間足で見たら1本の陽線でしかなく、日足で見たら陰線のヒゲだったということもありえますので、自分のトレードに合った時間のチャートを重視しましょう。

ローソク足の期間ごとにチャートは変わる

▶月足チャート

※ローソク足1本が1か月の値動き。

大きな値動きがわかる。

▶日足チャート

※ローソク足1本が1日の値動き。

最近の値動きがわかる。

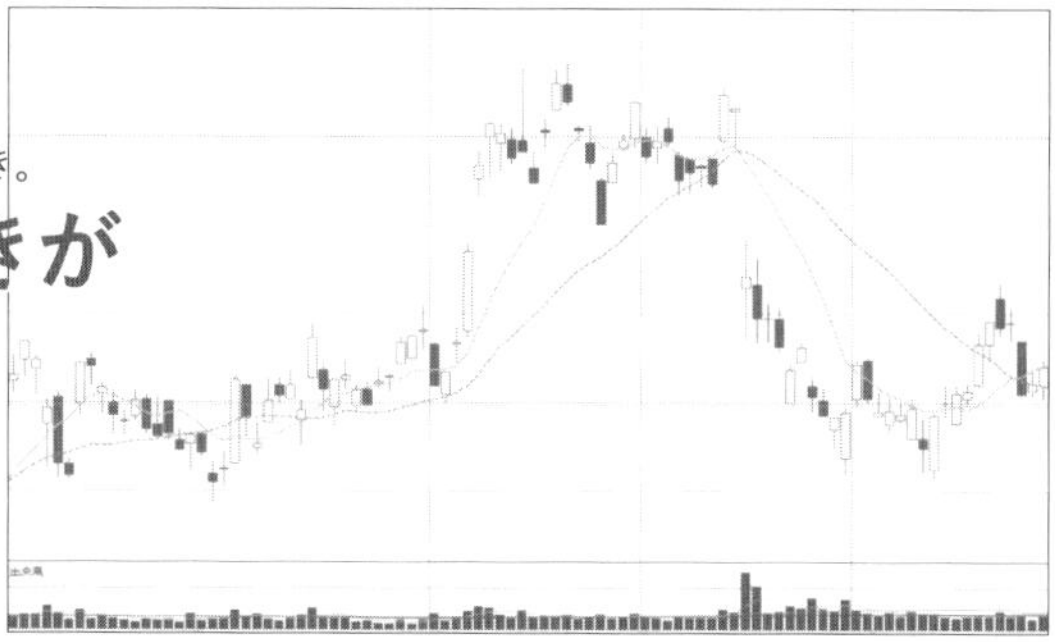

▶1時間足

※ローソク足1本が1時間の値動き。

短い時間でどのように取引されたのかわかる。

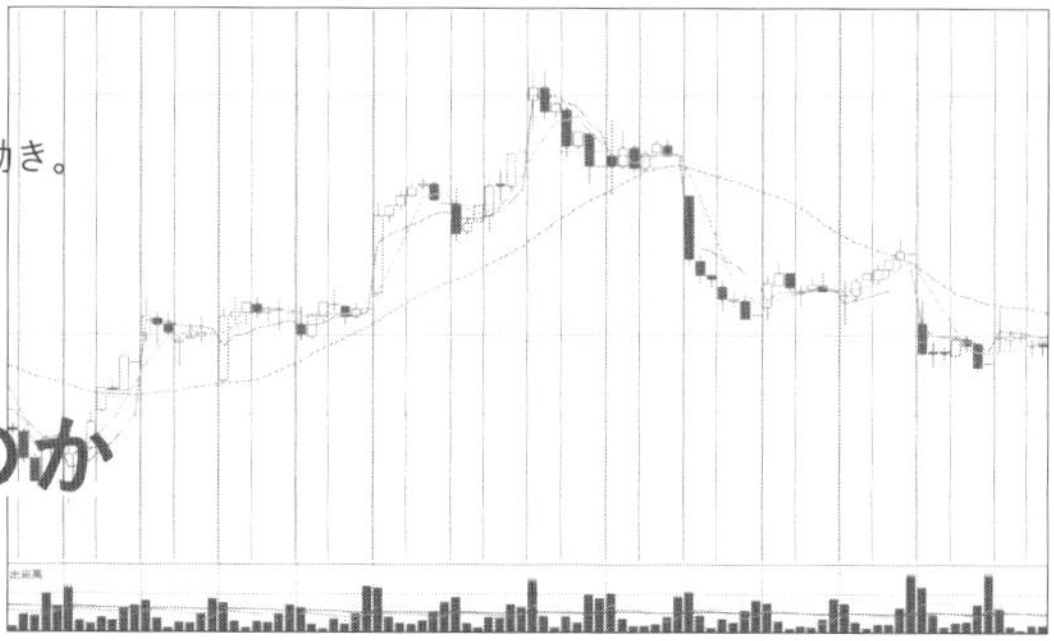

チャートを見れば、相場が見える

最高値・最安値は〝目安〟になる

チャートは表示できる期間、時間を細かく変えられます。中長期で見る場合は、まず月足や週足で大きな流れを確認します。続いて日足チャートで最近の価格の動きを見て、トレンドを確認します。同時に、売買価格の目安にするため、直近の最高値と最安値も確認しましょう。

最高値は上値の1つの目安に。逆に最安値は下値の1つの目安になると見て、多くの投資家が意識しているので、とても重要です。高値を更新し続ける「青空相場」のときは、上値の目安はありませんが、株価が反落したときは直近の高値が下げ止まりの目安となることがあります。

時間足と分足はその日の値動きの勢いがわかりますので、売買するときの参考にできます。前場より後場が強かったら、翌日はより強くなるかもしれない。逆なら翌日は下落圧力が強まるかも…など傾向がうかがえます。なお、短期と長期の移動平均線も表示させて見ると、値動きがよりわかるようになりますよ。

チャートの読み方、使い分け方

▶月足チャートでここ数年の値動きを把握する

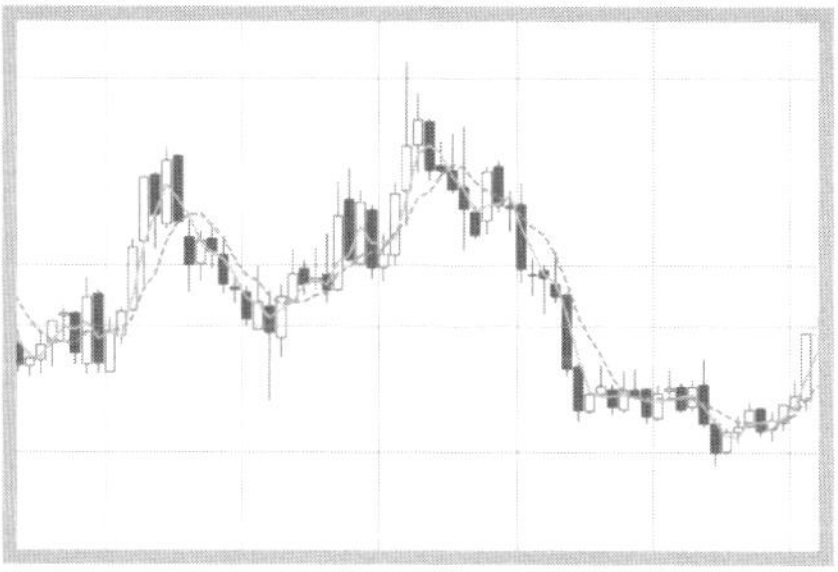

2年前より
まだ安値で、
最近は
上向いている

▶日足チャートで売買タイミングをつかむ

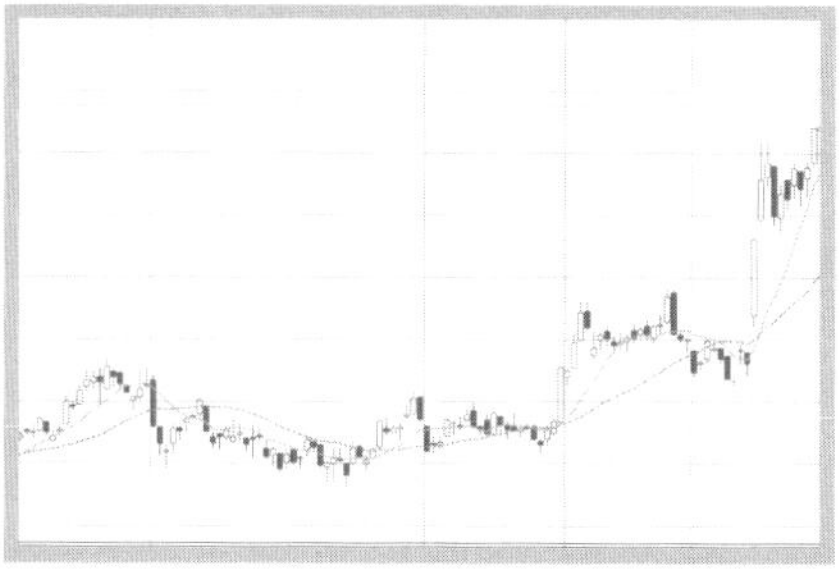

勢いがあるから
買ってみよう!

直近最高値は下げ止まりの目安に

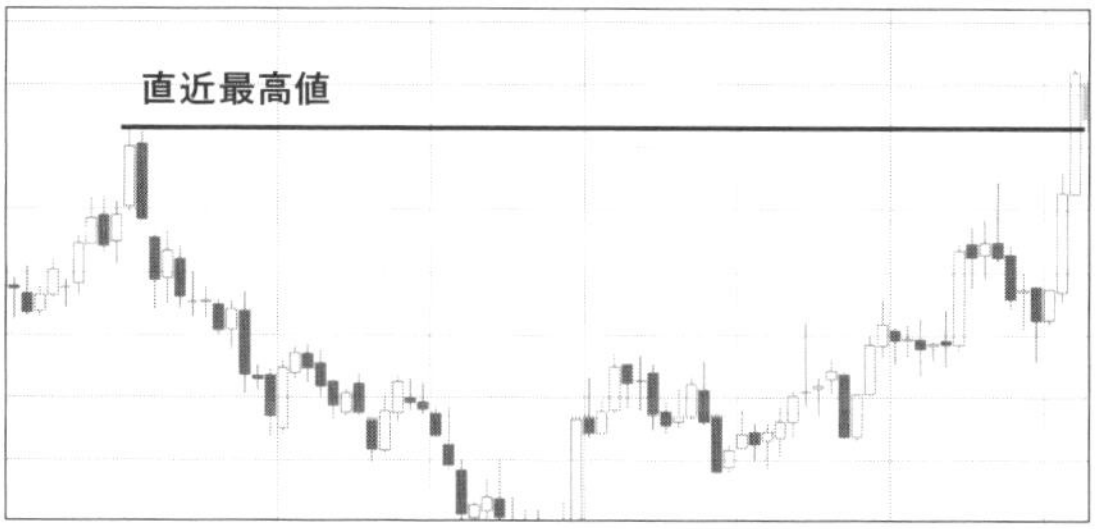
直近最高値

直近最高値が調整局面の下げの目安になることも。ただし直近最高値を割り込めば、さらに下落シグナルという見方もできる。

出来高に変化が出たら要注意

出来高でも相場が予測できる

昔から、「出来高は株価に先行する」と言われます。出来高は株の売買が成立した数を示します。出来高が多ければ株式市場で注目されている銘柄ということ。逆にゼロなら、売買が成立していません。

下落相場での出来高急増は、活発に売買されたということなので、反発して上昇するサインです。反対に上昇相場で出来高が急増すれば、下落に警戒です。

株が大量に買われて株価が高騰しても、株価が急落して大量に売られても、売買された株が同じ数なら出来高も同じになります。出来高は取引された量がわかるのに対して、「売買代金」は成立した代金がわかります。出来高はあまり変わらないのに、売買代金が増えていれば、株価が上がっているというサインです。

出来高や売買代金の変化には、まだ周知されていない理由があるかもしれません。対象の銘柄の売買代金と合わせて、変化やニュースを調べてみましょう。

出来高でこんなことがわかる

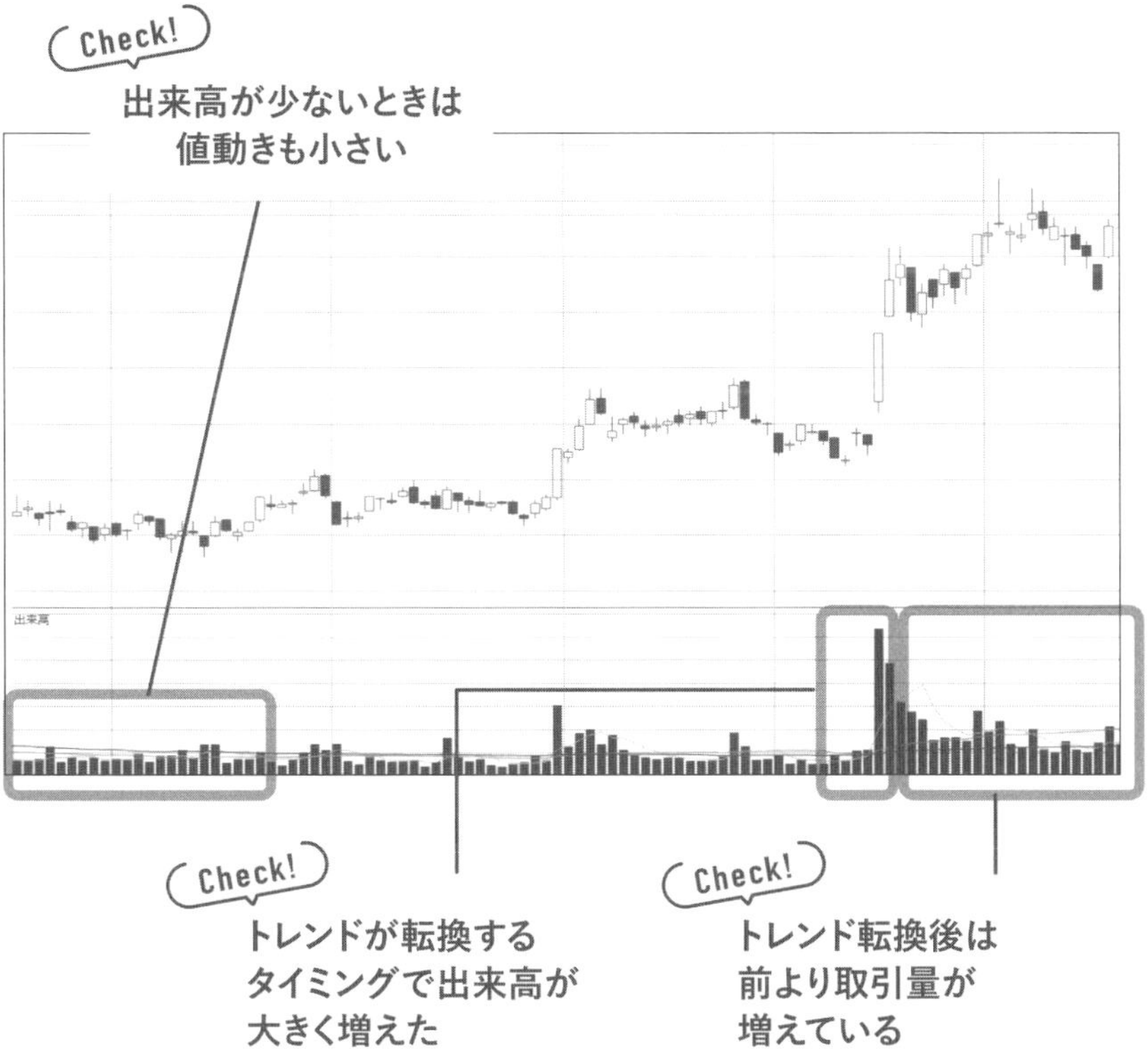
Check!
出来高が少ないときは
値動きも小さい
出来高
Check!
トレンドが転換する
タイミングで出来高が
大きく増えた
Check!
トレンド転換後は
前より取引量が
増えている

・出来高に変化が出てきたときは、その理由を探してみましょう。業績、新材料、悪材料が眠っているかもしれません。

・投資初心者は出来高の少ない銘柄や、突如出来高が急増した銘柄はリスキーなのでおすすめしません。

売るに売れない「ボロ株」とは

「安かろう」は「悪かろう」

安くて魅力的に見えるけれど、決してそうは言えない「超低位株（ボロ株）」と呼ばれる銘柄も存在します。

一般的に株価が安い、1株あたり数百円程度の銘柄を「低位株」と呼びます。株価1万円が短期間で2万円になるのは難しいですが、株価１００円の銘柄が短期間で倍の２００円、それどころか3倍、5倍になることはあり得ます。でも、低位株は一気に上昇することもありますが、反転すると一気に下がる、かなりリスキーな銘柄です。

株価が安いのにはそれなりの理由があるからです。業績が不振だったり、経営規模が小さく業績拡大が見込めなかったり、配当や優待株主に還元せず投資家人気が低かったり…。低位株よりも投資家に注目されない銘柄が「超低位株」ですが、これを買ってしまうと、売るに売れません。業績が悪くないのに株価が安い銘柄があっても飛びつかず、チャートを見て、投資に適切か判断しましょう。

安物買いの銭失いパターン

安い！
買った！
1000株
株価
90円

株価が激安
近所で人気のお店の運営会社
IR情報を見ると業績もそこそこ

でも、誰も欲しがらない
超低位株（ボロ株）だと…

だれも
買ってくれ
ない…

誰も買わないから値動きがない。しかも配当も優待もないから持ってる意味がない…。

▶「塩漬け」か「ロスカット」しかない…

安いからと買う前に「ボロ株」チェック

▶チャートは動いているか

値動きがほとんどなく、取引も少ないのでチャートが波打っておらず、ほぼ平坦な銘柄は、ボロ株の可能性が高い。

▶出来高と売買代金はあるか

出来高が少なく、山がない。まれに出来高が増えても、続かないような銘柄は、買っても売るに売れなくなるかもしれない。

▶倒産リスクはないか

必ずIR情報を確認すること。決算報告に加え、上場廃止や倒産リスクがないかをチェックしよう。

こんなチャートは危い!!

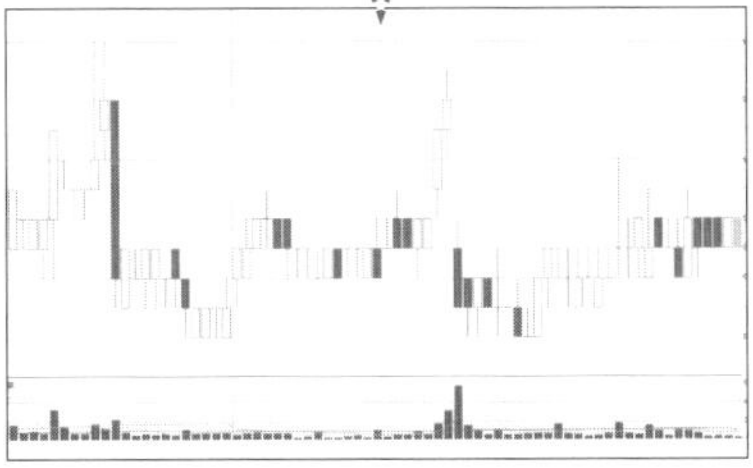

トレンドラインで売買タイミングを計る

チャート分析の重要サポート

株価の上がるタイミング、買うタイミングを見極める方法はいくつかありますが、代表的なものが「トレンドライン」です。

とても簡単で、直近の高値・安値から水平に線を引いたり、複数の高値・安値を一直線で結んだりするだけでＯＫ。多くの投資家がトレンドラインで相場を判断してトレードするので、それを利用します。

トレンドラインは、上値（高値）の抵抗となる上値抵抗線（レジスタンスライン）と、下値（安値）を支持する下値支持線（サポートライン）があります。株価がトレンドライン付近に達すると、逆の動き（反発）になりやすいのです。

ラインをブレイクしたら注意！

また、反発せずにトレンドラインを越えると「ブレイク」といって、トレンド転換のサインと予測できます。

トレンドの転換は売買チャンス（と同時に損切りポイント）ですので、次のページで詳しく解説します。

トレンドラインの引き方

1 下値支持線（サポートライン）

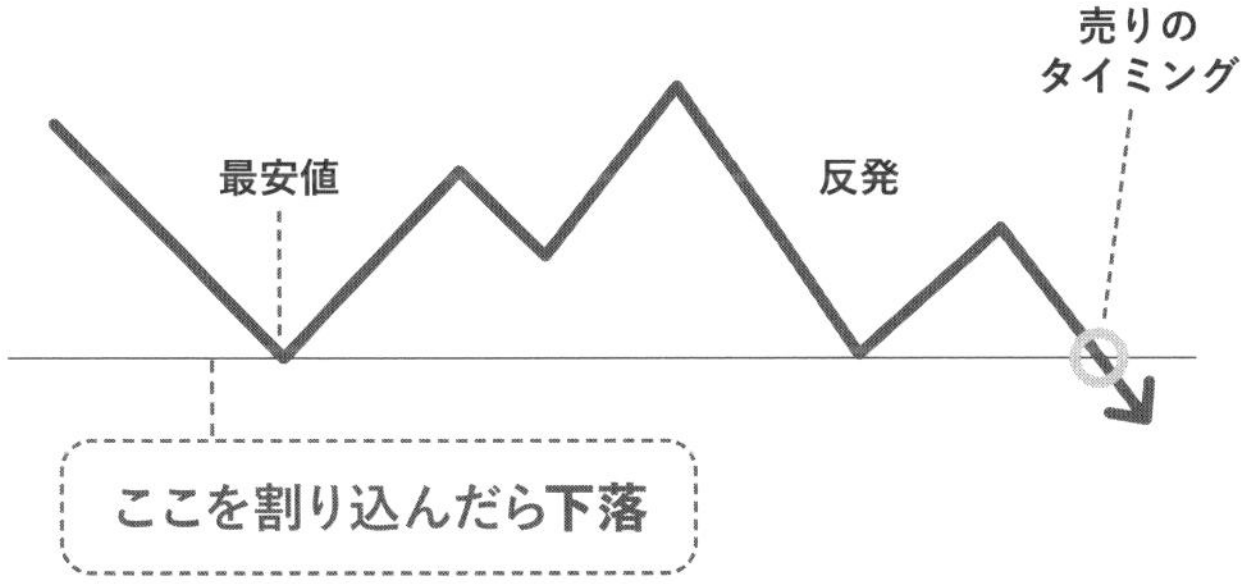

直近の最安値から水平に引くか、もしくは安値どうしをつないだ線。「これ以上は下がらずに反発する」という目安になる。ここを割り込むと下降トレンドになりやすい。

2 上値抵抗線（レジスタンスライン）

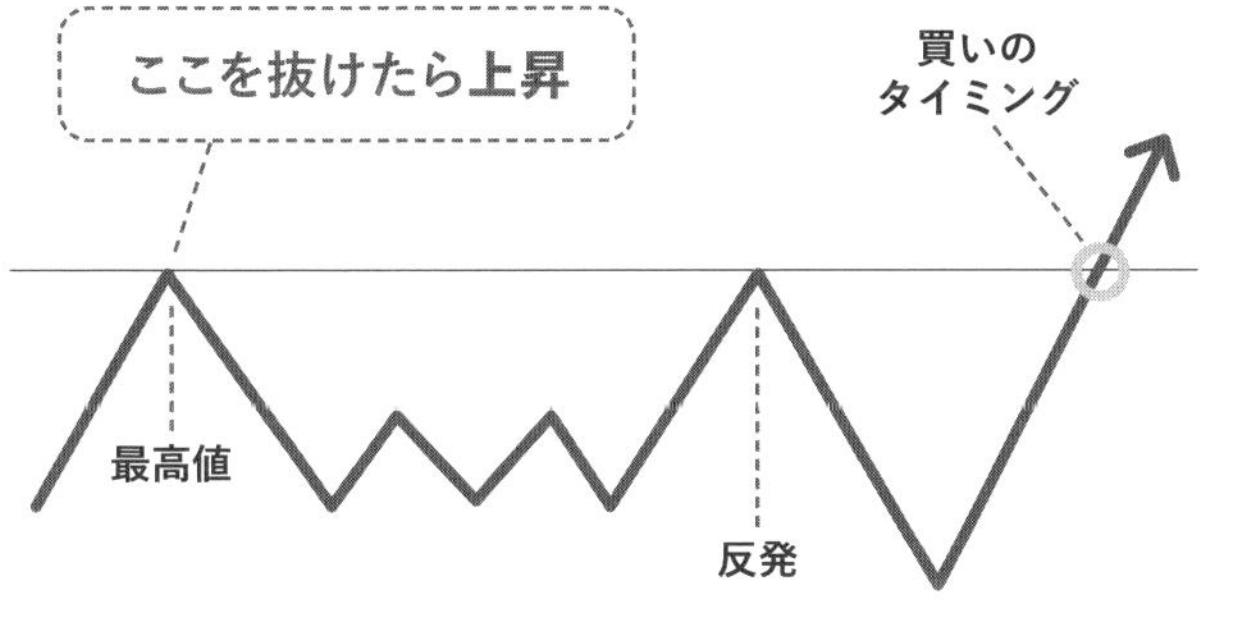

直近の最高値から水平に引くか、もしくは高値どうしをつないだ線。「これ以上は上がらずに下がる」という目安。ここを突き抜けると上昇トレンドの転換サインだ。

トレンドラインで〝転換〟を見抜く

トレンド転換のサインとは

上昇トレンドでは、安値をつないで、サポートラインを引きます。多くの投資家はこのサポートラインを目安に取引しています。

だからサポートラインを割るということは、買いよりも売りの勢いが強いので、下降トレンドに転換した可能性があります。「ここでいったん売却」と考える投資家が少なくなければ、どんどん売りが出て下降の勢いが増すわけです。

下降トレンドも同じで、レジスタンスラインを越えたら、トレンド転換を待ち構えていた投資家が続々と買いに入るので、上昇トレンドが形成されます。

横ばいの膠着《こうちゃく》状態「ボックス」では、上に放たれれば上昇、下に放たれれば下降トレンドに転換しやすいということです。

なお、ブレイクしたのにまた値を戻す、通称「ダマシ」もあります。ダマシのあともトレンドラインで反発するようであれば、そのトレンドラインが強いということです。

トレンドラインのブレイクに注目！

上昇トレンドが下落に転じるサインとは？

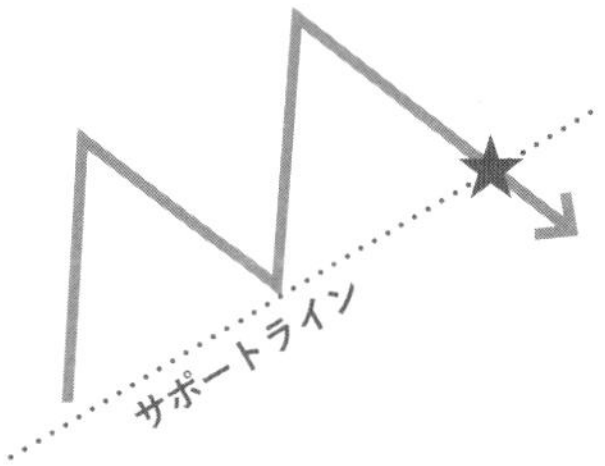

▶サポートを割ったら
下落の「売り」サイン

上昇トレンドの場合は安値をつないで「サポートライン」を引く。このラインを目安として、ここを割ったら下降トレンドに転換した可能性があるので、「売り」サインということ。

下降トレンドが上昇に転じサインとは？

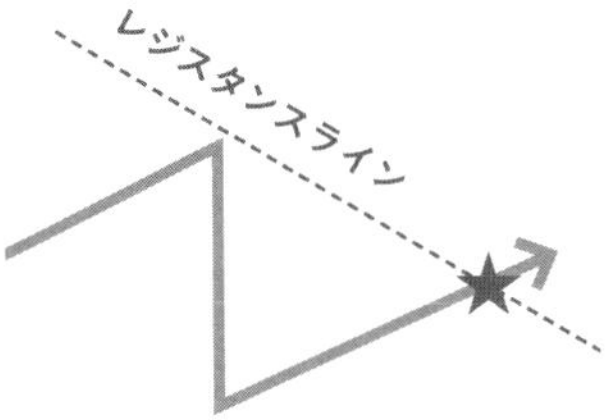

▶レジスタンスを抜けたら
上昇で「買い」サイン

下降トレンドでは高値をつないでレジスタンスラインを引く。レジスタンスを抜けたら、上昇トレンドに転換した可能性があるので買いのチャンスだ。

横ばいの膠着状態から抜け出るサインとは？

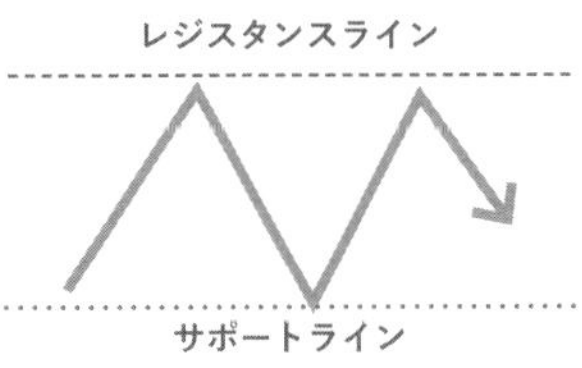

どっちに抜ける？
を見極めよう

横ばいの膠着状態（ボックス）では、直近最高値でレジスタンスライン、直近最安値をサポートラインとして、どちらかを越えた方にトレンドが転換する。いずれにしても、ダマシがあるので妄信しないことが大切。

三角持ち合い（ペナント）が出たら注目

三角の形になったら注意

ここまでトレンドとトレンドラインについて説明してきましたが、「持合い」という状態もあります。前ページの「ボックス」も持ち合いではあるのですが、だんだんと値幅が狭まっていく「三角持ち合い」という膠着状態は、ブレイクしてトレンドが転換するタイミングが計りやすいので面白い形です。

左ページ上の図ですが、直近最高値と上ヒゲをつなぎ、次に安値をつなぐと、ペナントの形の、三角持ち合いの状態になります。これは膠着状態ではありますが、同時に売りが徐々に減っている形ですので、レジスタンスラインを上に抜ければ強い上昇シグナルということです。

三角持ち合いは、サポートラインが上向いている「強気」の状態、レジスタンスラインが下向いている「弱気」の状態と、どちらに抜けるかわからない「横ばい」の状態があります。いずれにしてもトレンド転換が近い可能性がありますので、この形が見えたら要注意です。

売りと買いが拮抗すると待ち合いに

▶「持ち合い」とは、抜けた方に動く膠着状態

こんな「三角持ち合い」が出たら注目！

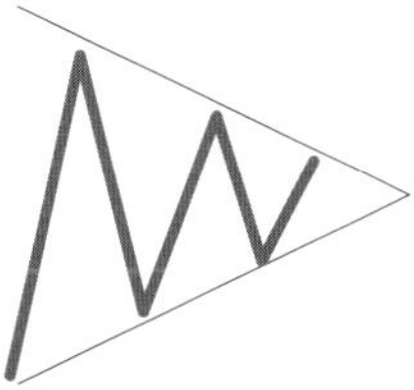

▶横這ばい

レジスタンスとサポートが双方とも狭まっていく状態。上に抜ければ上昇、下に抜ければ下降トレンドに転換する可能性がある。

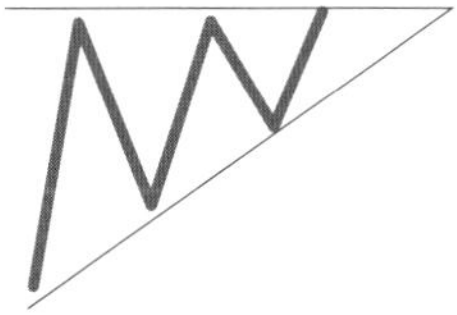

▶強気

レジスタンスラインは保ちつつ、サポートラインが上向いている状態。上昇トレンドに向かう強気サインととらえられる。

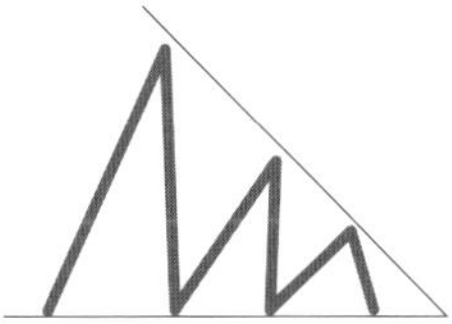

▶弱気

レジスタンスラインがサポートライン方向へ下向いて進んでいる状態。サポートラインを割れば下降トレンドに転換するサイン。

移動平均線はこんなに便利

短期線と長期線を表示させる

チャートを読むには、ローソク足、出来高だけでなく、「移動平均線」もとても重要です。移動平均線は短期足と長期足があり、一般的によく表示されるのは10日、25日、75日、２００日です。

10日移動平均線とは、過去10日間の株価を合計して10で割った値。２００日平均線なら２００日分の株価を合計して２００で割った値です。過去の平均値と比べて、現在の株価が安値圏なのか高値圏なのかがひと目でわかります。

日足チャートで見るならば、大きな方向性（トレンド）を示すのは２００日線移動平均線です。２００日移動平均線の上に株価が推移していれば上昇トレンド、下に推移していれば下落トレンドと判断されます。特に２００日線を上（下）放れると大きなトレンド変換を示唆するものとして、投資のプロも必ずチェックしているポイントです。

移動平均線は短期線と長期線を同時に表示させ、見比べることで、売買チャンスを探すためにも役立ちます。

移動平均線は複数表示させよう

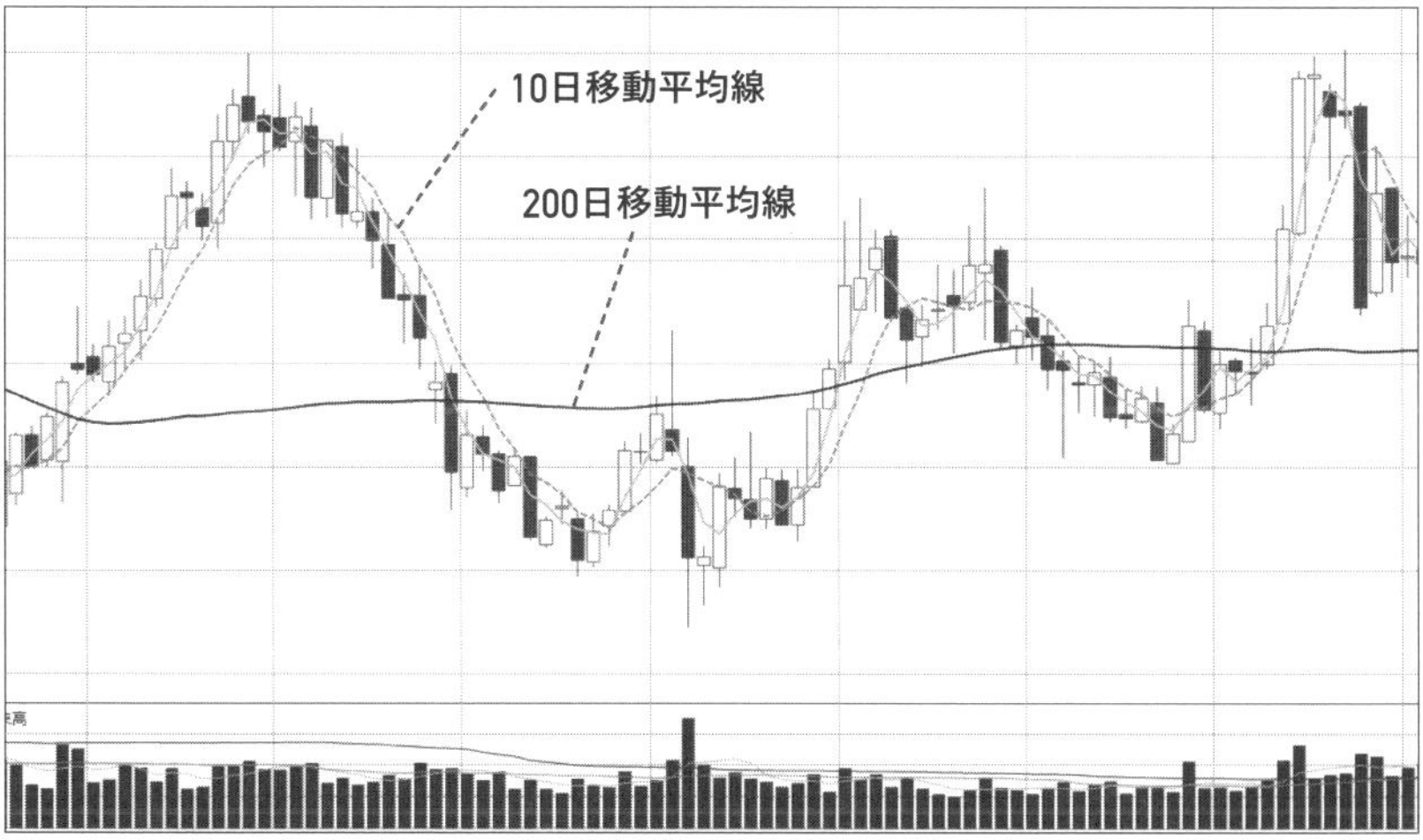

移動平均線の使い分け

200日移動平均線

ここより下にローソク足があれば安値圏

200日移動平均線は大きなトレンドを示す重要なシグナル。200日線より上に推移していれば上昇トレンドで、下に推移していれば下落のトレンドだと判断することができる。お目当ての銘柄があれば、必ず表示させてみよう。

10･25･75日など移動平均線

それぞれの日数の平均値をつないだ線

一般的によく使われるのは10日、25日、75日の移動平均線。5日なら5日分、75日なら75日分の終値の平均値。見比べることで「○日より安いか、高いか」がわかる。短期線と長期線と現在の株価が、どのような位置関係にあるのか確かめよう。

移動平均線の「クロス」は売買サイン

ゴールデンクロスをみつけよう

移動平均線は、短期線と長期線の関係から、今後の株価が上昇するか下落するか予測できます。そのため、たとえば、「ゴールデンクロス」「デッドクロス」と呼ばれるものがその代表です。短期移動平均線が長期線を上に抜けると、「ゴールデンクロス」といって上昇の勢いが強い証拠。逆に長期線が短期線を上に抜けると「デッドクロス」といって下落の兆候です。

日足チャートでゴールデンクロスを探すときは、短期を5日、長期を25日移動平均線にするか、短期を25日、長期を75日移動平均線に設定します。また、短期を25日や75日、長期を２００日に設定したゴールデンクロスもあります。

素直に反応する銘柄では、「ゴールデンクロスで買い」「デッドクロスで売り」を繰り返すだけで稼げることもあります。ただしクロスには「ダマシ」も生じます。ダマシに乗ったときはすぐに撤退するなど、シグナルに忠実に従うのがチャート分析の鉄則です。

こんな“クロス”に注意！

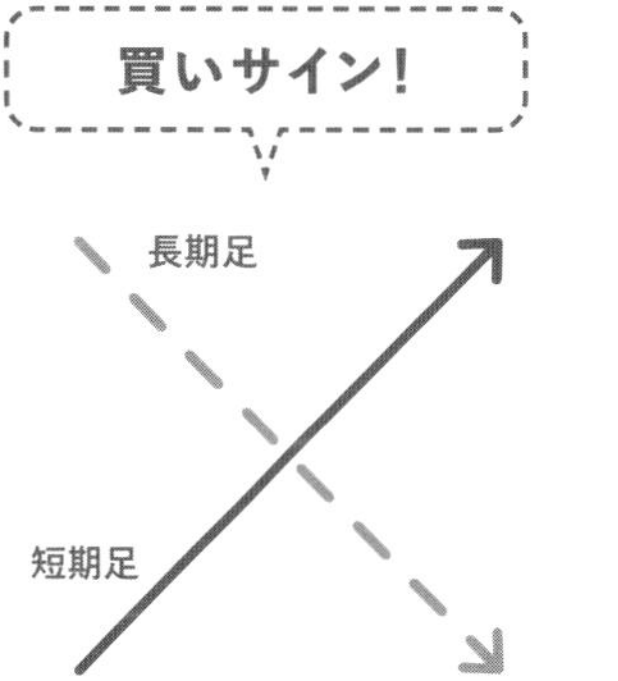

ゴールデンクロス

短期移動平均線を、長期移動平均線が上に突き抜けた状態。上昇に転換する兆候なので、「買い」のサイン。

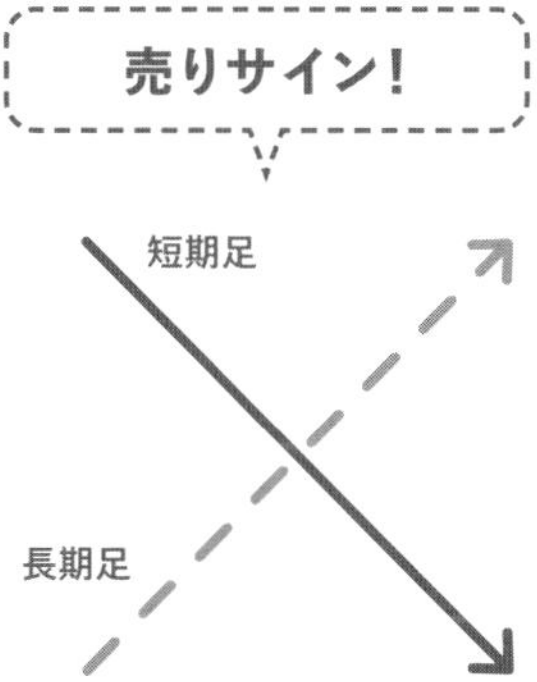

デッドクロス

短期移動平均線が、長期移動平均線を下に抜けた状態。株価下落の兆候なので、「売却」のサインとしてとらえよう。

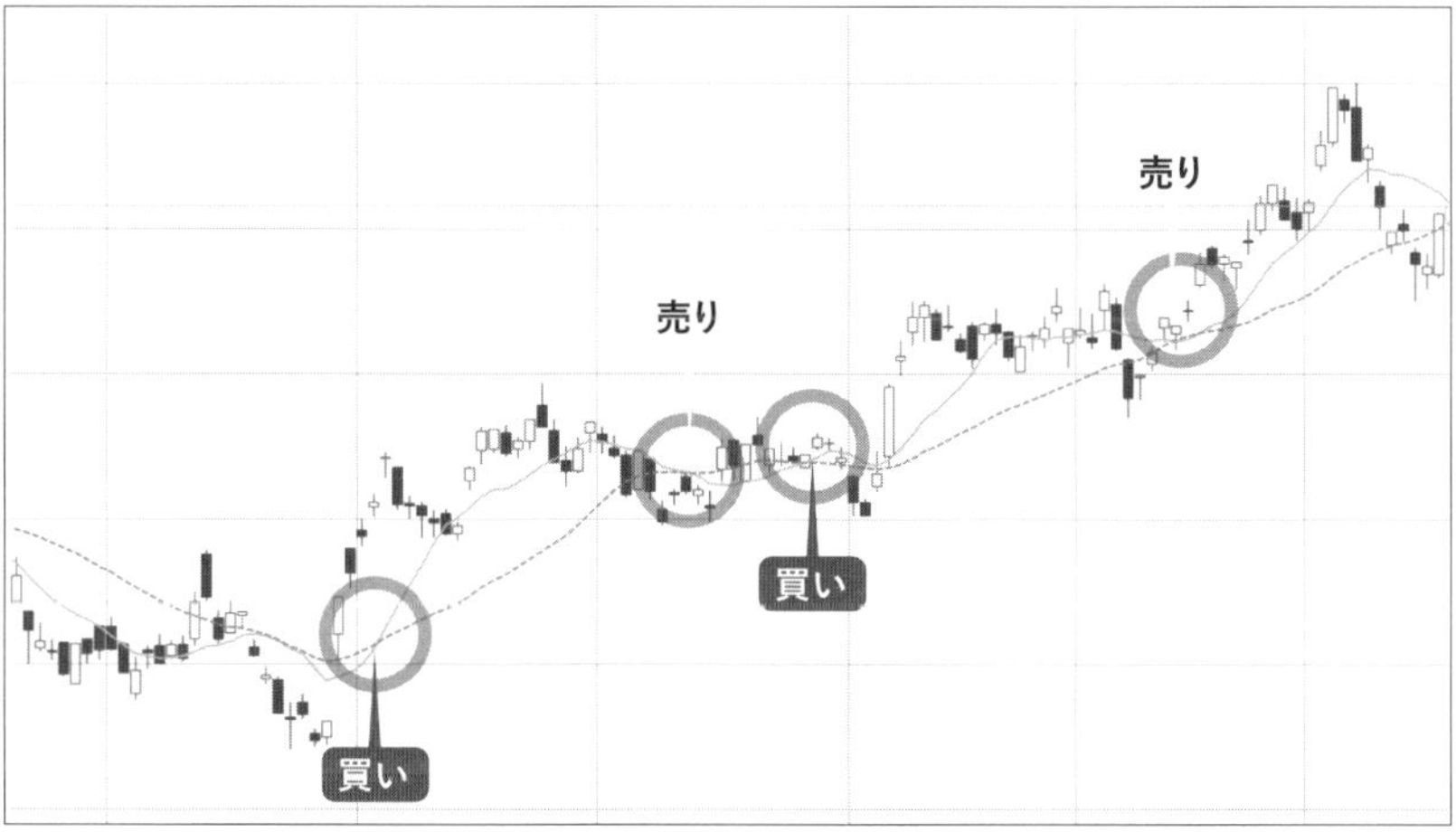

ゴールデンクロスとデッドクロスに素直に反応する銘柄なら、
このサインで売買を繰り返すだけで稼ぐことができる。

長期チャートでの移動平均線の目安

長期チャートで使う移動平均線

日足チャートの次に、週足、月足での移動平均線について説明します。もちろん、長期チャートでもゴールデンクロス、デッドクロスは使えます。

基本的に、週足・月足で見るのであれば、数カ月単位で保有する想定です。まずは週足チャートであれば、短期移動平均線を5週、長期移動平均線を13週に設定します。

月足チャートでは、短期を3ヶ月、長期を6ヶ月、12ヶ月、24ヶ月に設定するのがおすすめです。

日足チャートと同じように、ゴールデンクロスは買いのサイン、デッドクロスは売りのサインです。なお、移動平均線がローソク足より上にある場合、上昇トレンドでは上値抵抗線としても機能します。

ゴールデンクロス、デッドクロスは基礎・基本で、多くの投資家が、こうした基本をおさえたうえでチャートを見て、トレードをしています。セオリー通りにいかないことは多いのですが、基本を覚えておくことが大切です。

長期チャートでの短期線と長期線の設定

▶「週足チャート」では5週と13週を使おう

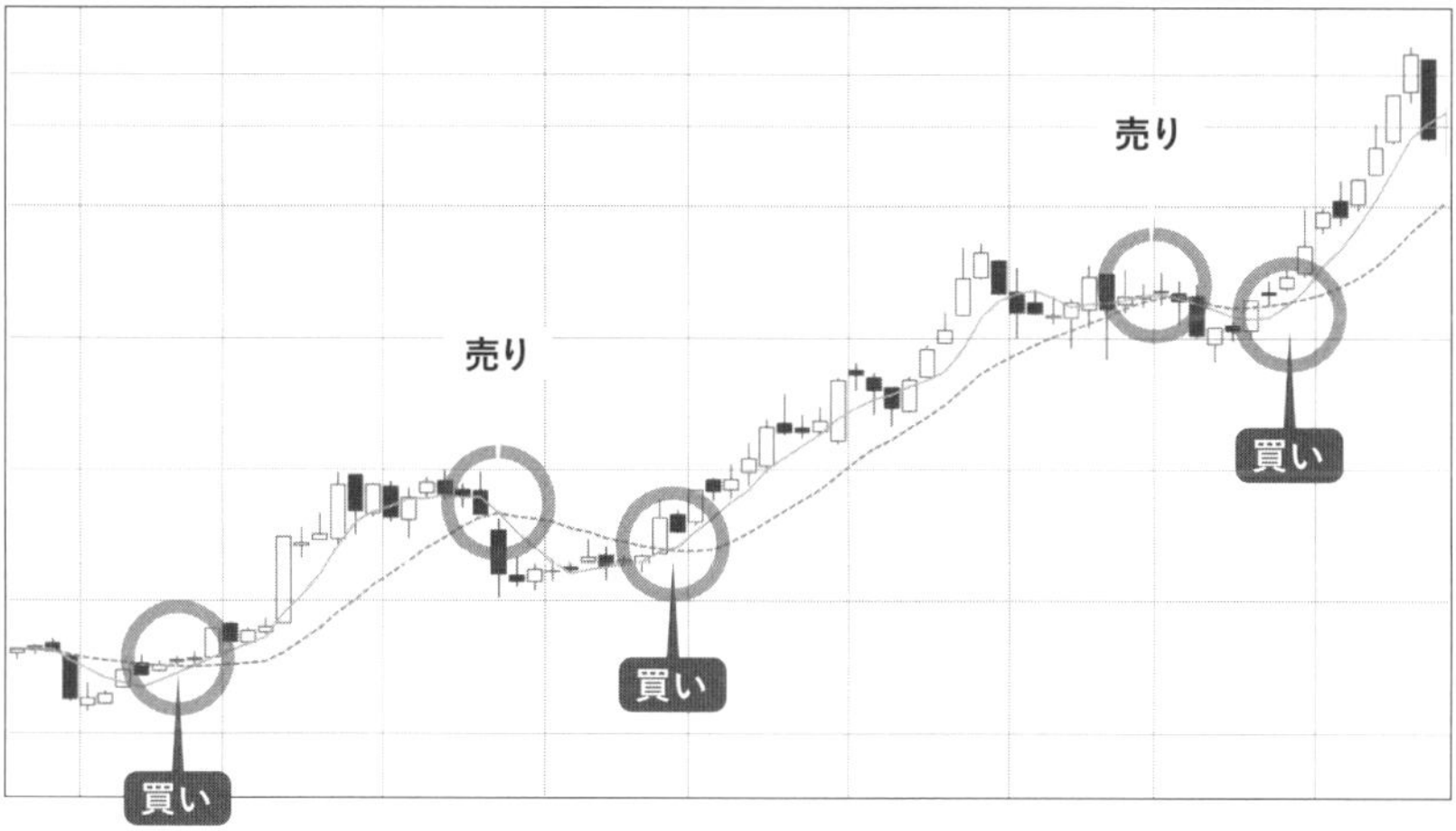

週足チャートでは短期線を5週、長期を13週に設定しよう。

▶「月足チャート」では3ヶ月と6ヶ月を使おう

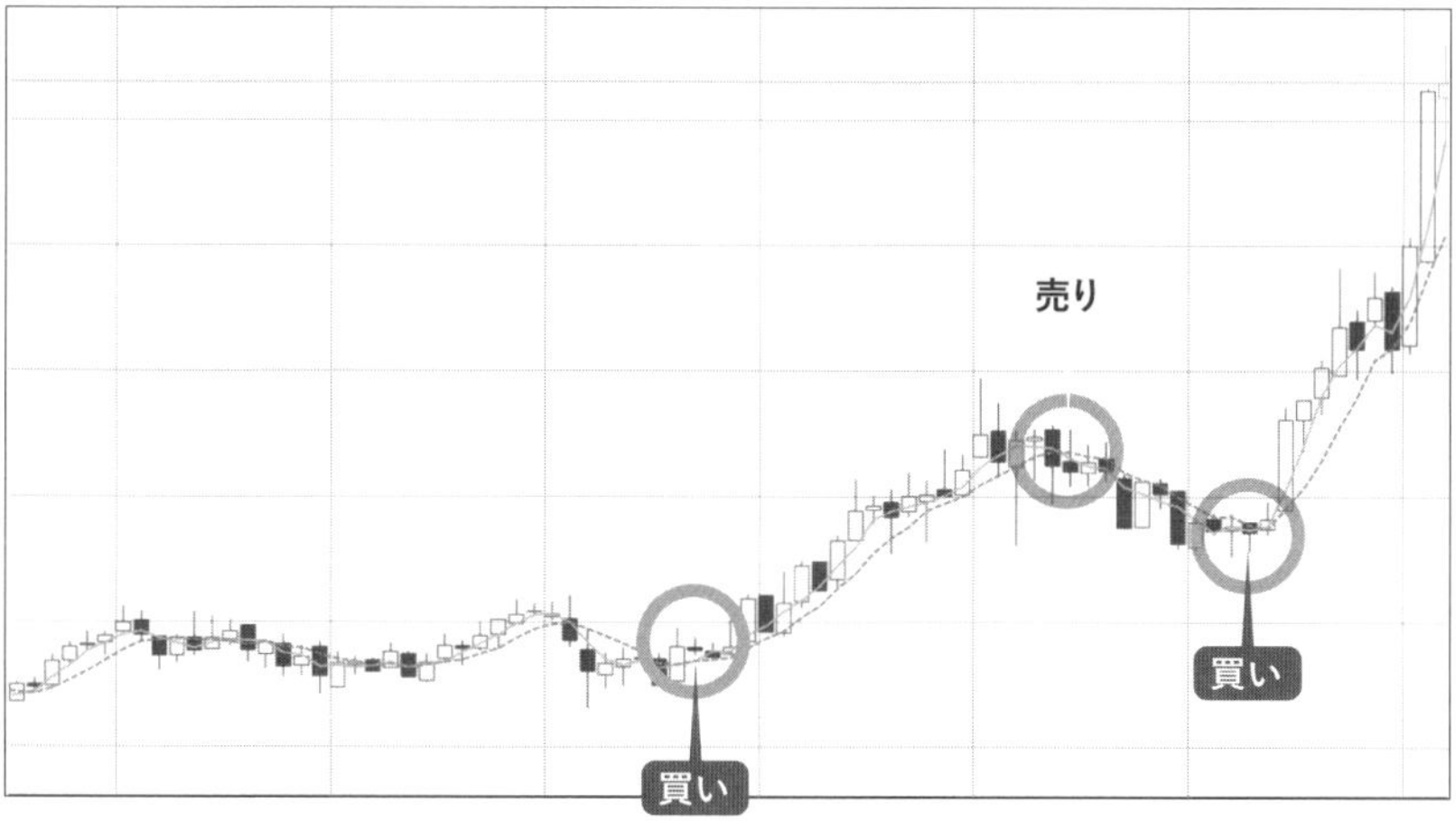

月足チャートでは短期線を3ヶ月、長期線を6ヶ月、12ヶ月、24ヶ月と引いてみよう。

column

ストップ高とストップ安

ストップ高やストップ安という言葉を聞いたことがあると思います。銘柄には株価の価格帯によって、1日の値幅制限があります。成行注文がこの値幅制限を越えると、ストップ高、ストップ安となります。

成行で買い注文を出していてストップ高になると、売買が成立したときは思わぬ高値になっていることがあります。ストップ安だと売りたくても売れず、連続ストップ安となると、どんどん値が下がっていきます。初心者は対応が難しいのですが、もし保有する株がそんな事態になったら、ともかく落ち着いて対処しましょう。

ストップ高

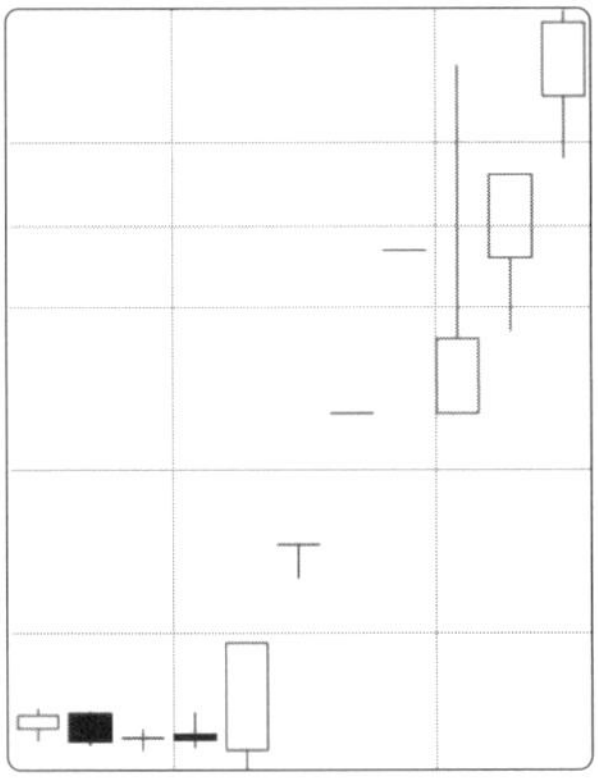

どんどん高値になる

ストップ高になると、株価がどんどん上がる。連続ストップ高になっても、どこかで利益確定で売られる局面になる。

ストップ安

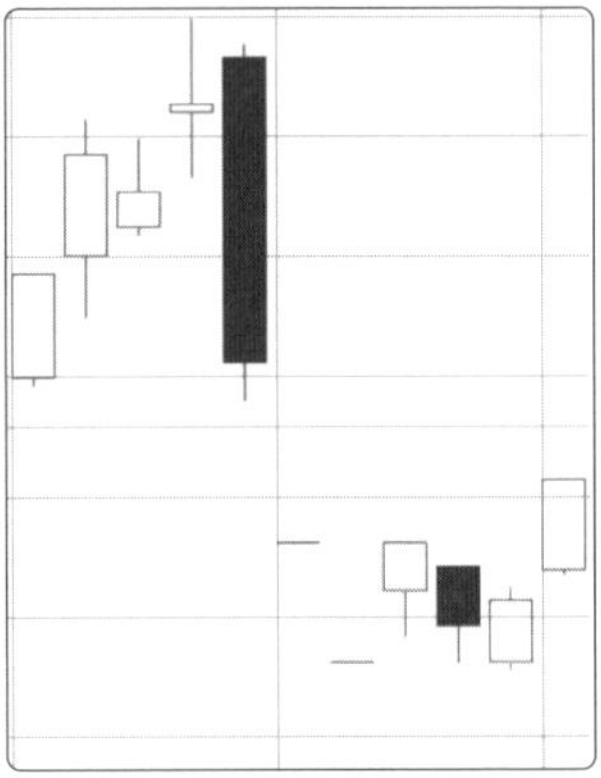

売るに売れなくなる

ストップ安では成行で売買成立しないため、どんどん株価が下落していく。焦らず落ち着こう。反転することもある。

column

株人気は取引所人気

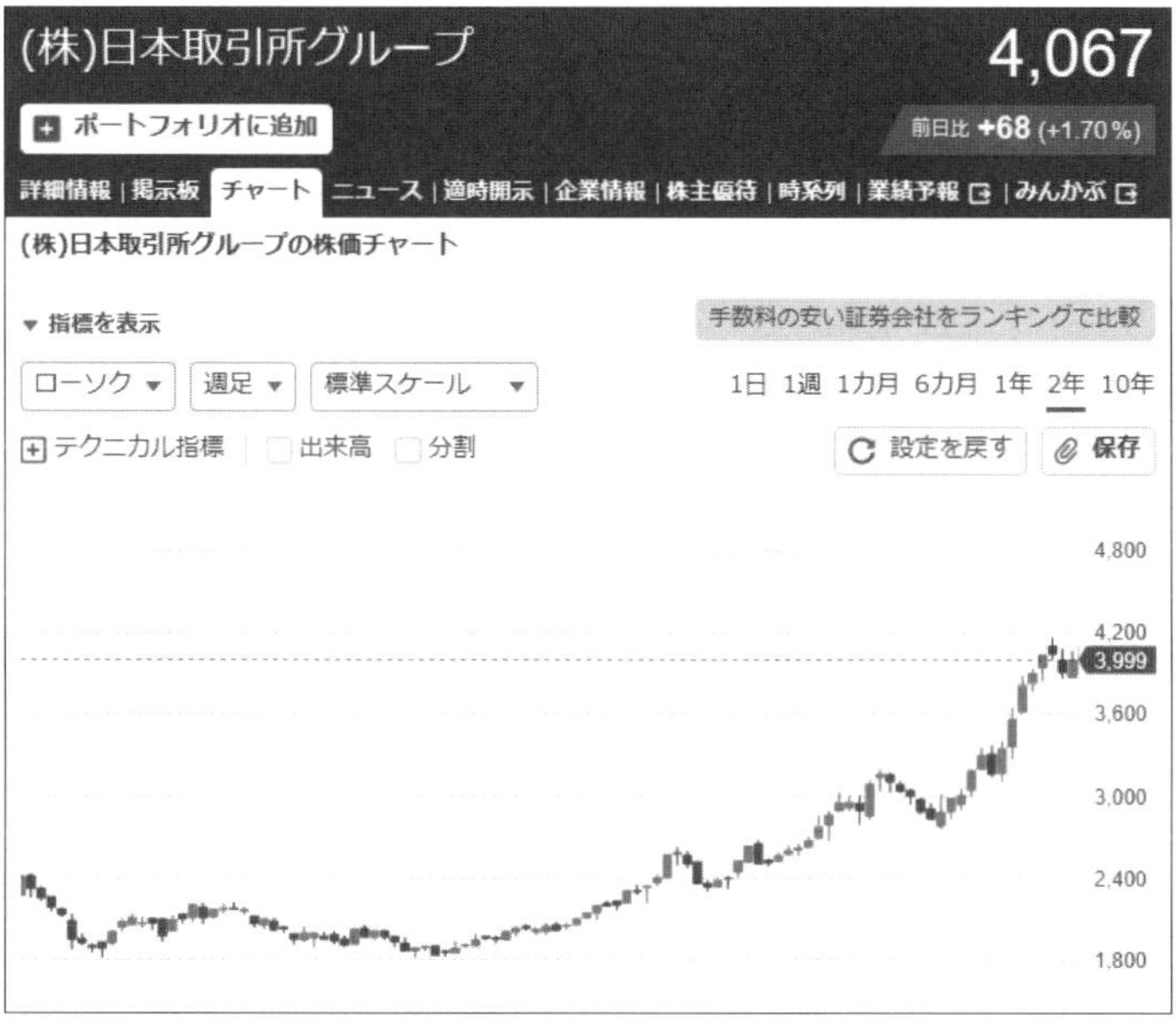

日本取引所グループの株価日足チャート（2年間。2024年3月19日現在）。
Yahoo!ファイナンスより https://finance.yahoo.co.jp/quote/8697.T/chart

新NISAの開始、日経平均4万円台突破など、株式投資に注目が集まっています。実際、ネット証券会社の主要5社の合計口座数が、2024年の1月だけで約90万件も増加したそうです。

そうなると、確実に利益を伸ばしている業種や企業がはっきり見えます。東京証券取引所の日本取引所グループ（JPX）です。もちろん、証券会社もしばらくの間、売り上げを伸ばすでしょう。

ご存じの通り、JPXも、主要証券会社のグループ会社も株式市場に上場しています。投資先として候補に入れるのも面白いと思いますよ。

column

取引が少ない銘柄に注意！

取引量が少ない銘柄と多い銘柄の違いです。右のプライム市場の銘柄は1日どころか1分でどんどん売買が成立しています。価格差も2円です。一方、左のスタンダード市場の銘柄は取引量が少なく、売りと買いで17円も差があります。現在価格で1106円と思って成行で400株の買い注文を出すと、1123円で300株。1124円で100株が約定してしまうということです。

スタンダード市場上場A社

売り気配		買い気配
100	1133.0	
100	1132.0	
100	1125.0	
100	1124.0	
300	1123.0	
	1106.0	400
	1105.0	200
	1103.0	100
	1102.0	200
	1101.0	1500

取引が少ないから、気配値にこんな差がつくことも。（成行で買ったら高くなる）

日付	時刻	約定値	出来高
03/01	12:30	1106.0	200
03/01	11:22	1124.0	200
03/01	11:21	1124.0	200
03/01	11:21	1124.0	200
03/01	11:18	1124.0	100
03/01	09:00	1102.0	400
02/29	14:55	1103.0	100
02/29	14:39	1120.0	100
02/29	12:56	1101.0	200
02/29	12:30	1117.0	100
02/29	10:58	1119.0	100
02/29	10:34	1101.0	800
02/29	10:34	1102.0	200
02/29	10:23	1101.0	100
02/29	10:23	1102.0	1000
02/29	10:23	1103.0	300

プライム市場上場B社

日付	時刻	約定値	出来高
03/01	14:10	3681.0	700
03/01	14:10	3681.0	100
03/01	14:10	3682.0	100
03/01	14:10	3681.0	200
03/01	14:10	3681.0	100
03/01	14:10	3681.0	400
03/01	14:10	3681.0	400
03/01	14:10	3681.0	1000
03/01	14:10	3681.0	1000
03/01	14:10	3681.0	400
03/01	14:10	3681.0	700
03/01	14:10	3680.0	2400
03/01	14:10	3680.0	1100
03/01	14:10	3680.0	20900
03/01	14:10	3679.0	100
03/01	14:10	3679.0	200

左のA株は2日にかけてまばらに取引がある程度
対する右の大型株はたった1分間でも表示できないほど取引が活発なことが分かる。

第 6 章

トレードがうまくなる！
株式**用語集**

初級編

株式投資を始めてみると、独特の専門用語が意外に多いことに気づくと思います。日々のニュースでよく聞く用語もあれば、トレードではじめて聞くような用語もたくさんあります。これに戸惑う新米トレーダーは少なくありません。そこで、取引や銘柄探しのときに役立つ、株式投資の基礎用語を紹介。これらの意味を理解ししっかり頭にいれておけば取引はもちろん、ほかの投資家と情報交換もスムーズにできます。

株式投資をするのに、必ず目にする用語ばかり。株の基本を学ぶのにまず知っておきたい言葉なので、しっかり理解しておきましょう。

[日経平均株価]

にっけいへいきんかぶか

日本を代表する株価指数。東証プライム市場の主要225銘柄を選び、その株価を平均化した数値で、日本経済新聞社が算出、発表する。「日経225」とも呼ばれ、毎年10月に採用銘柄を入れ替えられ、時流に合った会社で構成される。

[約定]

やくじょう

株式取引で売買が成立すること。約定した価格を「約定値段」もしくは「約定価格」という。約定値段×買った株数が「約定代金」。

[銘柄]

めいがら

株式公開し、証券取引所で売買される会社の株のこと。銘柄には、上場銘柄、信用取引銘柄などがあり、それぞれに証券取引所が定める4ケタの銘柄（証券）コードが与えられている。

[株価指数]

かぶかしすう

株式市場全体、あるいは特定の複数銘柄の株価を平均化し、ひとつの値として示したもの。日経平均株価やTOPIXがこれに該当する。市場全体の勢いや値動き、その国の景況をはかるのに使われ、ほかにも業種別株価指数などもある。

[株主優待]

かぶぬしゆうたい

企業が株主に対して与える優待制度のことで、日本独自で発達してきた制度。特定の期日に銘柄を保有することで権利が得られる。還元の内容は、自社製品の詰め合わせや金券などさまざま。

[移動平均線]

いどうへいきんせん

1日や1時間など、一定時間の終値を平均化して、チャート上に表示した折れ線グラフのこと。おおまかな値動きをつかむのに便利で、ローソク足との位置関係で、今後の値動きを予測することもできる。線の動きも大きなヒント。位置に加えて右上がりか右下がりかも重要。短期線と長期線のクロス、線の向きと合わせて見て、精度を高めること。

[配当]

はいとう

株を発行している企業から、株主に分配される利益のこと。決算期ごとに配られる。株主の権利のひとつで、配当起算日に株主名簿に名前が載っている株主のみが受け取れる。高配当の銘柄は人気が高く、それを目的に長期保有する投資家もたくさんいる。

[時価総額]

じかそうがく

ある企業の「発行済み株数×株価」のこと。たとえば、発行済み株数が1000万株で株価が100円であれば、時価総額は10億円。企業の規模や活況度をはかるのに使う。

中級編

売買を始めると目にするようになるのが、これら中級編の用語。初級と同様、トレーダーとして必ず意味を理解しておこう！

[IR]

あい･あーる

InvesterRelationsの略。企業が株主や投資家に対し、業績や財務情報など、投資判断のために必要な情報を発信する活動を指す。企業の情報公開の場なので、IRがしっかりした会社ほど信頼性は高い。

[IPO]

あいぴーおー

新規公開株。それまで日本国内で非上場・非公開だった銘柄が、新たに上場することを指す。注目銘柄は株価が急騰することもある。

[業績]

ぎょうせき

決算時に発表される、企業の利益と損益のこと。業績が良いとは、利益が確保されていること。株価に与えるインパクトは高い。株の世界では、業績が順調に伸びている会社こそ取引したい銘柄。

[寄り付き]

よりつき

その日の売買が始まった時のこと。東証の場合、売買が始まるのは午前9時。前場の場合は前場寄り、後場の場合は後場寄りとも呼ぶ。これに対して、取引終了は、引けと呼ばれる。

[ザラ場]

ざらば

1日における、取引開始（寄り付き）から取引終了（大引け）までの、株が売買できる取引時間のこと。ザラ場では「価格優先」「時間優先」「成行優先」のルールに従って、たくさんの銘柄が取引される。

[塩漬け]

しおづけ

株価が下がり含み損が出ているのに銘柄を保有し続けていることを指す。株式投資においては避けたい状態。塩漬けをたくさん抱えると新たなチャンスを逃すので注意。

[地合い]

じあい

株式市場全体や各銘柄の値動きのこと。「地合いが良い」は、株価の上昇局面を指し、いい値動きを意味し、「地合いが悪い」はその反対。目安として「日経平均」や「TOPIX」などの株価指数が右肩上がりだと地合いの良い相場。

[ポートフォリオ]

ぽーとふぉりお

分散投資の構成のこと。株の場合、ひとつの銘柄に集中投資をするのではなく、業種や業界、事業規模をわけて複数の銘柄を保有して、安定的な運用を目指したい。

[決算]

けっさん

企業が一定期間の利益や損失を計算すること。その書類が「決算書」で、これは、いうなれば企業の通信簿のような存在。1年間の本決算、半年ごとの中間決算、3か月ごとの4半期決算があり、各企業HPのIR情報や各証券会社の情報サービスなどで確認することができる。

[調整]

ちょうせい

上昇を続けていた株価がいったん下がるなど、「長期トレンドのなかの短期的な逆方向への動き」を指す。安く買った銘柄の株価が上昇し利益確定する投資家が多く出るので、調整が起きる。これは調整局面と呼ばれる。

上級編

ここで紹介するのは、株式投資に慣れてくると見かける用語。知っておいて損はないので、ここで新たな知識を学んでおこう。

[信用取引]

しんようとりひき

顧客が委託保証金を担保として預け、資金または株式を借りて取引をすること。委託保証金の約3倍までの売買ができるが、所定の期限内に反対売買を行い、借りた資金や株式を弁済しないといけない。

[空売り]

からうり

信用取引における売買手法のひとつで、株価の下落局面で利益を得られる手段。証券会社から株を借りて売却して、安くなった時点で買い戻すことで利益が得られる。返却には期限があり、手数料も必要。

[株式分割]

かぶしきぶんかつ

1株を一定の割合で分割して、発行済み株式数を増やすこと。たとえば「1:10」の比率で分割されれば、投資家の持ち株数は10倍になる。株式が分割されることで、株の流通量は高まる。

[押し目買い]

おしめがい

上昇している銘柄の株価が少し下がった時点(調整局面)で買うこと。これに対し、保有銘柄の株価が下落した後、上昇に転じた反発場面で売るのが「戻り売り」。

[仕手]

して

短期間で大きな利益を得るため、大量に売買する投機的な取引を行う株価操縦の一種。この方法を行う人たちを「仕手筋」、対象の株は「仕手株」と言われる。小型の低位株が狙われやすい。

[投げ売り]

なげうり

含み損を抱えた銘柄を、損失が出ることを承知で売ってしまうこと。マーケットの暴落時や個別銘柄へ突発的な悪材料が出ると、損失を一定範囲に抑えるため行われる。

[ダマシ]

だまし

チャートを使った相場分析において、買いサイン・売りサインが出ているのに、実際の相場ではその通りに動かないこと。「サインでは上昇なのに相場は下落」など。

[材料]

ざいりょう

個別銘柄の株価を上下させる原因となる情報のこと。たとえば円安は輸出関連企業の株価を押し上げる好機材料となる。新商品の開発、増配なども買い材料として注目されている。

[リート]

りーと

REIT。不動産投資信託のことで、投資家から集めた資金でオフィスビル、商業施設などを開発・運営し、賃貸収入や売買差益を投資家に分配する商品。株式市場に上場しているので、株と同じようなルールで取引できるのが特徴。

[ナンピン]

なんぴん

保有銘柄が値下がりしたときに、安くなった価格で買い増すこと。購入平均価格が下がり、最初に買った価格まで戻らなくても含み益が出せる。一方、損失が拡大する場合もあるので注意が必要。

おわりに

本書では、株式投資に興味を持って手に取ってくださった方の株式投資スタートの背中を押せればと思い、必要最低限の情報を簡潔に解説しました。

ただ、これはあくまで株式投資家になる入り口の案内です。

慣れてきたら、ぜひ1つ、自分の武器になるようなスキルを持っていっていただくと、長く株式投資と寄り添えると思います。

私が一番おすすめしたいのは、やはりチャートの見方を学ぶことです。株式投資をするうえで、企業情報や解析などはプロには及びませんが、チャートだけは同じ状況のものを見ることができるので、チャート分析方法を学べば、ベテラン投資家にも負けずにチャンスをつかめるようになります。数字が得意なら決算書を読み込んで次の成長株を見つけていくのも良いですね。つまり自分の武器を持つことです。

この本が皆さんにとって、豊かな投資生活をはじめるよいきっかけになることを願っています。最後に本書刊行にあたりご尽力下さった編集の宮田敦文様、ライターの大正谷成晴様に心よりお礼申し上げます。

メディック投資顧問株式会社　取締役　横尾寧子

２０２４年４月

著者紹介

横尾寧子

1976年東京生まれ。日本大学法学部卒業。メディック投資顧問株式会社取締役。NPO法人日本テクニカルアナリスト協会認定テクニカルアナリスト。投資アドバイザー。株式評論家・早見雄二郎氏に師事し、外国為替取引の研究に注力する。「すべての個人投資家に投資成果と豊かな生活を届けたい!」をモットーに配信番組、月刊誌等各メディアにて、FXや株など投資について幅広くコメントを行っている。著書に『日本一カンタンな「FX」で毎月20万円を稼ぐ本』(クロスメディア・パブリッシング)、『マンガでまるっとわかる! FXの教科書　カラー版』(西東社)、『ズバリわかる!　FXチャートの読み方・使い方』(成美堂出版)他、多数。

投資《とうし》1年生《ねんせい》でもよくわかる
「株《かぶ》」で稼《かせ》ぐ5つのコツ

2024年 5月5日　第1刷

著　者　横《よこ》尾《お》　寧《やす》子《こ》

発行者　小澤源太郎

責任編集　株式会社 プライム涌光

電話　編集部　03(3203)2850

発行所　株式会社 青春出版社

東京都新宿区若松町12番1号〒162-0056
振替番号　00190-7-98602
電話　営業部　03(3207)1916

印刷　大日本印刷　製本　ナショナル製本

ISBN978-4-413-11404-2 C2033